AF897445

Inteligencia Artificial

El poder invisible

Nahon, Matías
Inteligencia artificial : el poder invisible / Matías Nahon. - 1a ed. - Ciudad Autónoma de Buenos Aires : Bärenhaus, 2026.
190 p. ; 21 x 14 cm.

ISBN 978-987-8449-86-9

1. Ensayo. 2. Inteligencia Artificial. I. Título.
CDD A864

© 2026, Matías Nahon

Diseño de cubierta e interior:
Departamento de arte de Editorial Bärenhaus S.R.L.
Todos los derechos reservados

© 2026, Editorial Bärenhaus S.R.L.
Publicado bajo el sello Bärenhaus
Quevedo 4014 (C1419BZL) C.A.B.A.
www.editorialbarenhaus.com

ISBN 978-987-8449-86-9

Hecho el depósito que prevé la ley 11.723

No se permite la reproducción parcial o total, el almacenamiento, el alquiler, la transmisión o la transformación de este libro, en cualquier forma o por cualquier medio, sea electrónico o mecánico, mediante fotocopias, digitalización u otros métodos, sin el permiso previo y escrito del editor. Esta obra o parte de ella no podrá ser reproducida ni utilizada para entrenar, directa o indirectamente, sistemas o modelos de inteligencia artificial. Su infracción está penada por las leyes 11.723 y 25.446 de la República Argentina.

Matías Nahon

Inteligencia Artificial

El poder invisible

BÄRENHAUS

Índice

Prólogo

Este libro nace desde una incomodidad, desde una pregunta urgente que me acompaña hace años: ¿qué estamos dejando entrar, sin darnos cuenta, cada vez que incorporamos una nueva tecnología en nuestras vidas? Durante más de dos décadas trabajé en la prevención del fraude y vi de cerca cómo se armaban estafas, cómo se sofisticaban las operaciones ilegales, cómo las grietas de los sistemas se convertían en autopistas para el delito. Escribí *El fraude de la era digital* como respuesta a esa experiencia: una alerta sobre los vacíos que la tecnología dejaba abiertos cuando no era pensada con responsabilidad.

Hoy, el escenario cambió. Y lo hizo a una velocidad que nos desborda. Por eso este nuevo libro, centrado en la inteligencia artificial, es una continuación natural de ese camino, pero también una transformación: ya no se trata sólo del fraude, sino del colapso de nuestras formas de entender el control, la privacidad, la confianza y, en definitiva, la verdad.

La inteligencia artificial se presenta como el mayor avance tecnológico de nuestra época. Promete eficiencia, predicción, automatización y creatividad.

Está en todas partes: en los teléfonos que usamos, en los servicios que consumimos, en las decisiones que nos afectan sin que lo sepamos. Pero detrás de esa promesa se esconde también una arquitectura invisible de poder, un conjunto de sistemas que aprenden, deciden, jerarquizan, sin rostro ni explicación. Este libro intenta desarmar esa maquinaria, comprender cómo funciona, quién la controla —si es que alguien lo hace— y qué implicancias tiene para nuestras sociedades. No es un tratado técnico. Es un mapa de riesgos. Un recorrido que parte de los principios de la IA, revisa su historia, observa sus usos concretos y, sobre todo, pone el foco en sus amenazas más profundas: las que desdibujan la línea entre lo real y lo falso, entre la decisión humana y la automatización sin criterio.

¿Por qué hablar de riesgos? Porque la historia de la inteligencia artificial no es sólo la de los grandes avances, sino también la de sus consecuencias no previstas. En el campo de la prevención del fraude, lo sabemos bien: toda innovación que mejora procesos puede ser usada para sabotearlos. La IA no es la excepción. Al contrario: multiplica el potencial de daño. Y lo hace de formas que apenas estamos empezando a entender. Por eso, a lo largo de este libro, vamos a analizar cómo la IA ya está siendo utilizada para clonar voces y suplantar identidades, para fabricar imágenes, documentos y perfiles falsos con una precisión que engaña incluso a los sistemas de seguridad más avanzados. Vamos a hablar de extorsiones personalizadas a través de redes sociales, de algoritmos que discriminan sin saberlo, de decisiones automatizadas que afectan derechos fundamentales. Y también de la dificultad de responsabilizar a alguien cuando el “error” lo comete una máquina.

La irrupción de la inteligencia artificial (IA) en nuestras vidas ha sido tan vertiginosa como transformadora. En pocos años, hemos pasado de contemplar la IA como una promesa futurista a verla integrada en aplicaciones cotidianas que van desde asistentes virtuales hasta sistemas de recomendación personalizados. Sin embargo, este avance exponencial no está exento de sombras. La misma tecnología que potencia la eficiencia y la innovación, también abre puertas a riesgos antes inimaginables.

Uno de los peligros más alarmantes es la clonación de voz mediante IA. Esta técnica permite replicar con asombrosa precisión la voz de cualquier individuo, basándose en muestras de audio disponibles públicamente. Delincuentes han aprovechado esta capacidad para realizar estafas telefónicas convincentes, haciéndose pasar por familiares o ejecutivos de empresas, y solicitando transferencias de dinero bajo falsos pretextos. La generación de imágenes y videos falsos, conocidos como *deepfakes*, ha alcanzado un nivel de sofisticación que desafía la capacidad humana para discernir entre lo real y lo ficticio.

En el sector financiero, se han documentado casos donde *deepfakes* se utilizan para eludir sistemas de verificación de identidad, facilitando fraudes bancarios y suplantaciones de identidad. Las redes sociales, concebidas como plataformas para conectar personas, se han convertido en terreno fértil para nuevas formas de extorsión. La privacidad, un derecho fundamental, se ve amenazada por la capacidad de la IA para recopilar, cruzar y analizar datos personales más allá de lo que ninguna legislación nacional puede hoy controlar con eficacia. La inteligencia artificial no sólo nos observa: decide por nosotros, muchas veces sin que lo sepamos.

Pero hay algo más profundo. Algo que no remite sólo a la eficiencia o al engaño, sino a la forma en que la inteligencia artificial desorganiza la experiencia misma del tiempo. Las decisiones ya no llegan después de una deliberación: se anticipan, se imponen, se ejecutan en milisegundos. Vivimos en un presente saturado de futuros posibles que actúan antes de que podamos pensarlos. Esa aceleración no sólo cambia la velocidad: cambia la lógica del mundo. Ya no elegimos. Reaccionamos.

En ese sentido, el riesgo de la IA no está sólo en lo que hace, sino en lo que hace posible sin que lo notemos: la delegación del juicio, la fragmentación de la responsabilidad, la aceptación del algoritmo como árbitro de lo real. La IA no sólo automatiza tareas: automatiza criterios, define umbrales, organiza decisiones. Y lo hace desde una infraestructura que se presenta como neutral, técnica, inevitable. Pero no lo es. Está diseñada, entrenada, financiada. Responde a intereses. Y como toda tecnología poderosa, concentra poder.

La pregunta entonces no es si la inteligencia artificial puede ser útil, sino en qué condiciones su uso desplaza nuestra capacidad de entender, intervenir y resistir. Porque cuando el modelo decide, pero nadie puede explicarlo; cuando el sistema predice, pero nadie puede discutirlo; cuando todo funciona, pero ya no sabemos cómo, entonces la IA ya no es una herramienta. Es un régimen. Un régimen que no necesita mostrarse para gobernar.

Ese es el verdadero riesgo: que el futuro no llegue como una amenaza, sino como una normalidad indiscutida. Que el poder no se ejerza con violencia, sino con automatización. Que el control no se imponga, sino que se naturalice. Por eso este libro no busca sólo alertar sobre fraudes, sino proponer una pausa: un gesto de interrupción. Porque pensar —a tiempo— es, quizá, la única forma de resistencia.

Y todo esto no ocurre sólo en los laboratorios de Silicon Valley. Pasa también en Argentina y en Latinoamérica.

En un país con un sistema judicial saturado, con organismos de control débiles, con una infraestructura tecnológica desigual y una cultura digital aún en desarrollo, los riesgos de la inteligencia artificial se potencian de manera particular. En 2024, el gobierno nacional de la Argentina anunció la incorporación de sistemas predictivos de delitos basados en IA. Si esos modelos se alimentan de datos sesgados —y todo indica que así es—, el resultado será la profundización de prácticas de discriminación y vigilancia selectiva. En lugar de prevenir el delito, podrían terminar amplificándolo, instalando una lógica de sospecha permanente sobre determinados sectores de la sociedad.

Frente a este escenario, el problema no es sólo técnico. Es cultural, ético y político. ¿Quién define qué es un uso legítimo de la inteligencia artificial y qué no lo es? ¿Quién decide cuándo una predicción es confiable y cuándo es un acto de discriminación estadística? ¿Quién se hace responsable cuando una máquina comete un error, pero nadie puede explicarlo? En muchos casos, las respuestas a estas preguntas brillan por su ausencia. Y esa ausencia no es casual: forma parte de una lógica más amplia, en la que la tecnología avanza más rápido que nuestra capacidad para regularla, comprenderla o siquiera discutirla colectivamente.

En el campo del fraude digital, ya no estamos ante estafas rudimentarias o ataques aislados. Lo que vemos es una transformación estructural del delito, impulsada por herramientas de IA que permiten crear operaciones sofisticadas, automatizadas, escalables. Se falsifican identidades, se simulan movimientos financieros, se montan campañas de desinformación con una eficiencia industrial. Todo se vuelve indistinguible: la voz del CEO que llama para pedir una transferencia urgente puede ser un modelo entrenado con su canal de YouTube.

El currículum de un nuevo empleado puede estar armado por una IA generativa que compone logros, universidades y referencias con perfecta sintaxis. El correo con instrucciones bancarias puede haber sido escrito por un bot entrenado para imitar el lenguaje de los ejecutivos de la empresa. Y lo más grave es que, cuando todo esto sucede, no hay un atacante visible: hay un sistema que hace plausible el engaño.

Este libro propone mirar de frente esos riesgos. No para generar paranoia, sino para salir del deslumbramiento ingenuo. La inteligencia artificial es poderosa. Y como toda tecnología poderosa, no es neutra. Está modelada por intereses, por decisiones de diseño, por contextos de uso que muchas veces no son transparentes. En ese sentido, la IA no sólo debe preocuparnos por lo que hace, sino por lo que oculta. Por las formas en que automatiza lógicas de exclusión, reproduce desigualdades históricas y reduce la complejidad de lo humano a un conjunto de datos procesables. No hay neutralidad posible cuando lo que está en juego son decisiones que afectan vidas.

Desde mi experiencia en la detección y prevención de fraudes, aprendí que el daño rara vez llega con un anuncio. Llega por donde nadie estaba mirando. Por eso, si hay una advertencia que este libro quiere dejar en claro desde el principio, es esta: no se trata sólo de conocer cómo funciona la IA, sino de preguntarnos en qué marco estamos dispuestos a permitir que funcione. ¿Queremos una sociedad donde las decisiones se tomen por correlación estadística? ¿Una economía donde la rentabilidad justifique cualquier forma de control? ¿Una cultura donde la autenticidad ya no importe porque todo puede ser simulado?

Estas preguntas no tienen respuestas simples, pero sí necesitan ser formuladas con urgencia.

La inteligencia artificial llegó para quedarse. Pero cómo se integre a nuestras vidas no está predeterminado. Depende de decisiones políticas, regulatorias, empresariales y también personales. Este libro es una invitación a pensar esas decisiones. A mirar la IA no sólo como un fenómeno técnico, sino como un fenómeno cultural y ético. A entender que los algoritmos no piensan por nosotros, pero pueden terminar decidiendo en nuestro lugar si no les ponemos límites claros. Porque en los próximos años, la ventaja competitiva no estará en adoptar tecnología más rápido, sino en entender con precisión dónde conviene usarla, cómo controlarla y qué riesgos asumir. La inteligencia artificial no reemplaza la estrategia. Pero mal usada, puede arruinarla. Este libro invita a tomar decisiones informadas antes de que otros —o los algoritmos— las tomen por nosotros.

La historia de la Inteligencia Artificial

La historia de la inteligencia artificial es una travesía marcada por avances espectaculares, fracasos abruptos y períodos de entusiasmo seguidos de escepticismo. Aunque solemos asociarla con las últimas décadas, su origen se remonta mucho más atrás, cuando los primeros pensadores comenzaron a preguntarse si las máquinas podían imitar el pensamiento humano. Desde los mitos de la antigüedad sobre autómatas hasta las primeras computadoras programables, la idea de dotar de inteligencia a una máquina ha sido una constante en la imaginación humana.

Uno de los primeros intentos serios de conceptualizar cómo una máquina podía replicar procesos cognitivos fue realizado en 1950 por el matemático británico Alan Turing. En su célebre artículo Computing Machinery and Intelligence, propuso una pregunta provocadora: ¿Pueden pensar las máquinas? En lugar de buscar una respuesta directa, sugirió un experimento práctico, el hoy conocido Test de Turing, donde una computadora debía engañar a un humano en una conversación para ser considerada inteligente. Este planteo marcó el comienzo de una exploración más estructurada sobre la posibilidad de construir sistemas que emulen el razonamiento humano.

Sin embargo, Turing no fue el único en trazar las primeras líneas de esta historia. En paralelo, Warren McCulloch y Walter Pitts desarrollaron un modelo matemático de redes neuronales artificiales inspirado en la forma en que opera el cerebro humano. La idea de que una serie de nodos conectados podía procesar información de manera similar a las neuronas fue un concepto que, si bien no tuvo impacto inmediato, se convertiría en la piedra angular del aprendizaje profundo décadas después.

El verdadero punto de partida de la inteligencia artificial como disciplina ocurrió en 1956, cuando un grupo de científicos liderado por John McCarthy, Marvin Minsky, Nathaniel Rochester y Claude Shannon se reunió en la Conferencia de Dartmouth. Allí se acuñó formalmente el término "inteligencia artificial" y se estableció la ambiciosa meta de desarrollar sistemas capaces de aprender y razonar por sí mismos. El optimismo era desbordante y los primeros años vieron la creación de programas como Logic Theorist, capaz de demostrar teoremas matemáticos, y ELIZA, una rudimentaria simulación de un terapeuta conversacional.

Pero el entusiasmo no tardó en toparse con las limitaciones tecnológicas de la época. Los sistemas que parecían prometedores en teoría resultaron poco prácticos cuando se enfrentaron a problemas del mundo real. Las computadoras no tenían la capacidad de procesamiento necesaria y los modelos eran demasiado rígidos para adaptarse a situaciones imprevistas. La euforia dio paso a la frustración, y en la década de 1970 la inteligencia artificial sufrió su primer gran golpe cuando los gobiernos y las instituciones académicas comenzaron a retirar la financiación. Este período, conocido como el primer "invierno de la IA", puso en pausa muchas investigaciones y dejó en claro que el camino hacia una máquina verdaderamente inteligente sería más largo de lo previsto.

A pesar del declive, la disciplina resurgió en los años 80 con el auge de los sistemas expertos, programas diseñados para replicar el conocimiento de especialistas en campos específicos. Empresas y gobiernos comenzaron a adoptar estos sistemas en áreas como la medicina, la ingeniería y las finanzas, lo que generó una nueva ola de entusiasmo. Sin embargo, el éxito fue efímero: los sistemas expertos resultaron costosos de mantener y carecían de la flexibilidad necesaria para aprender de la experiencia. A finales de la década, una nueva ola de desilusión provocó el segundo "invierno de la IA", otro período de recortes y estancamiento.

Mientras la comunidad científica enfrentaba este nuevo revés, algunos investigadores comenzaron a explorar enfoques alternativos. Uno de los avances más significativos ocurrió en los años 90, cuando los modelos de aprendizaje automático demostraron ser una solución más eficaz que los sistemas expertos. En lugar de depender de reglas predefinidas, estos algoritmos podían analizar datos y mejorar su rendimiento con el tiempo. Fue en esta época cuando las redes neuronales, aquella idea planteada en los años 40 por McCulloch y Pitts, comenzaron a resurgir con más fuerza gracias al aumento en la capacidad de cómputo.

El cambio definitivo llegó en 1997, cuando la supercomputadora Deep Blue de IBM logró derrotar al campeón mundial de ajedrez Garry Kasparov. Fue un momento simbólico que demostró que la inteligencia artificial podía superar a los humanos en tareas específicas. Pero el verdadero salto ocurrió a partir de la década de 2010, cuando el desarrollo del aprendizaje profundo y el acceso a grandes volúmenes de datos dieron lugar a avances revolucionarios. Modelos como los de Geoffrey Hinton, Yann LeCun y Yoshua Bengio mostraron que las redes neuronales profundas podían reconocer patrones con una precisión sin precedentes, lo que impulsó aplicaciones en visión computacional, procesamiento de lenguaje natural y muchas otras áreas.

Hoy, la inteligencia artificial es una tecnología omnipresente, utilizada en asistentes virtuales, vehículos autónomos, diagnósticos médicos y sistemas de recomendación. Modelos como GPT-3 y GPT-4 han demostrado que el lenguaje puede ser generado con una fluidez sorprendente, mientras que la IA generativa está revolucionando la creatividad en el arte y la música. Sin embargo, el camino no está exento de desafíos. Cuestiones como la ética, los sesgos en los modelos y la posibilidad de que la IA alcance niveles de autonomía no previstos siguen siendo temas de debate en la comunidad científica y tecnológica.

Lo que queda claro al observar la historia de la inteligencia artificial es que no ha sido un camino lineal. Ha avanzado en ciclos de entusiasmo y decepción, impulsado por descubrimientos clave pero limitado por los recursos tecnológicos de cada época. A medida que la capacidad de procesamiento sigue creciendo y los algoritmos se refinan, es probable que estemos sólo al comienzo de una nueva fase en la evolución de la inteligencia artificial, una que quizá nos acerque más a aquella pregunta que Turing planteó hace más de 70 años: ¿Pueden pensar las máquinas?

A medida que la inteligencia artificial avanzaba, lo hacía también la percepción que el público tenía sobre ella. La imagen de una IA omnipotente que podía razonar como un ser humano se desmoronó con las limitaciones técnicas y la falta de avances concretos. Sin embargo, la idea de que las máquinas pudieran aprender por sí mismas, en lugar de ser programadas con reglas fijas, empezó a tomar fuerza en los años 90. Fue un cambio de paradigma: en lugar de construir sistemas expertos con una base rígida de conocimientos, los científicos comenzaron a enfocarse en modelos capaces de analizar datos, detectar patrones y mejorar su desempeño con la experiencia.

Este enfoque marcó el renacimiento del aprendizaje automático, una subdisciplina de la inteligencia artificial que se basa en algoritmos diseñados para aprender sin intervención humana directa. Uno de los hitos más importantes en este proceso ocurrió con las máquinas de soporte vectorial, desarrolladas por Vapnik y Cortes en 1995. Estas permitieron mejorar la clasificación y el reconocimiento de patrones en conjuntos de datos complejos, preparando el terreno para la explosión de la IA en la década siguiente.

Mientras tanto, la capacidad de cómputo seguía en ascenso. La famosa Ley de Moore, que postula que el número de transistores en un chip se duplica aproximadamente cada dos años, hizo posible procesar grandes volúmenes de información con una eficiencia creciente. Esto permitió la reactivación de un concepto que había sido prácticamente abandonado: las redes neuronales artificiales. Aunque la teoría detrás de estas redes existía desde los años 40, fue recién con el aumento del poder computacional y el acceso a grandes bases de datos que su verdadero potencial comenzó a materializarse.

El gran salto ocurrió en 1997, cuando la supercomputadora Deep Blue, desarrollada por IBM, logró vencer al campeón mundial de ajedrez, Garry Kasparov. Aunque el sistema de Deep Blue no era una IA en el sentido estricto —ya que no aprendía de manera autónoma, sino que analizaba jugadas con una capacidad de cálculo abrumadora—, el evento fue un punto de inflexión. Por primera vez, una máquina derrotaba a un humano en un juego considerado un símbolo de la inteligencia estratégica. Esto impulsó la inversión en IA y reavivó el interés en la posibilidad de que las máquinas no sólo calcularan, sino que también comprendieran, adaptaran y generaran conocimiento.

A partir de la década del 2000, la inteligencia artificial se convirtió en un campo de investigación en constante crecimiento, pero el verdadero punto de inflexión llegaría en 2012 con un descubrimiento que cambiaría el rumbo de la disciplina. Ese año, un equipo de investigadores liderado por Geoffrey Hinton demostró que las redes neuronales profundas podían superar a cualquier otro método en tareas de reconocimiento de imágenes. En la competencia ImageNet, donde los sistemas debían identificar objetos en una vasta colección de imágenes, su modelo basado en Deep Learning logró reducir el margen de error en un porcentaje que sorprendió a toda la comunidad científica.

Lo que hacía revolucionario al aprendizaje profundo no era simplemente su precisión, sino su capacidad de extraer características relevantes sin necesidad de que un programador definiera manualmente qué debía buscar en los datos. Las redes neuronales profundas eran capaces de aprender representaciones abstractas y realizar tareas de manera más cercana a como lo hace el cerebro humano. Esto desencadenó un auge en la investigación y el desarrollo de aplicaciones basadas en inteligencia artificial.

En los años siguientes, la IA se integró en la vida cotidiana a través de productos y servicios que transformaron industrias enteras. Los asistentes virtuales como Siri, Alexa y Google Assistant se popularizaron, los algoritmos de recomendación personalizaron la experiencia en plataformas como Netflix y Spotify, y los sistemas de reconocimiento facial comenzaron a aplicarse en seguridad y control de acceso. El auge de la IA generativa, con modelos como GPT-3 y GPT-4, llevó el procesamiento del lenguaje natural a niveles nunca antes vistos, permitiendo a las máquinas escribir textos complejos, traducir idiomas y generar código con una precisión sorprendente.

Pero con estos avances también surgieron preocupaciones. La inteligencia artificial dejó de ser una herramienta exclusivamente técnica para convertirse en un fenómeno con profundas implicaciones éticas, políticas y sociales. La automatización desplazó empleos en múltiples sectores, los sesgos en los algoritmos comenzaron a evidenciarse como un problema serio, y la posibilidad de que la IA adquiriera un nivel de autonomía no previsto despertó debates en la comunidad científica y filosófica.

En el presente, la inteligencia artificial no sólo está en el centro del desarrollo tecnológico, sino también en el debate global sobre su regulación, sus límites y sus riesgos. La historia de la IA es la historia de una búsqueda constante por replicar —y tal vez algún día superar— la inteligencia humana. Sin embargo, lo que ha quedado claro en este recorrido es que los avances han dependido tanto del poder computacional como de la creatividad y el ingenio de quienes han impulsado su desarrollo. Mientras seguimos explorando el potencial de la IA, la pregunta que se planteaba Alan Turing hace más de 70 años sigue sin una respuesta definitiva. Quizás la IA ya esté pensando, pero aún no sabemos si lo hace de la misma manera que nosotros.

Dilemas y amenazas: riesgos de la Inteligencia Artificial

La inteligencia artificial ha transformado no sólo la manera en que interactuamos con la tecnología, sino también los entornos donde se toman decisiones críticas, como las finanzas, los negocios, el derecho, la medicina y la seguridad. A medida que estos sistemas se integran en el corazón de las organizaciones, empiezan a surgir casos que revelan no tanto errores aislados como síntomas estructurales de una tecnología que reproduce desigualdades, amplifica vulnerabilidades y desafía los marcos tradicionales de control y responsabilidad. En el mundo corporativo, por ejemplo, los fraudes potenciados por inteligencia artificial ya no son una hipótesis, sino una realidad tangible. Uno de los casos más inquietantes involucró el uso de *deepfakes* para imitar la voz de un CEO: los atacantes clonaron digitalmente su timbre y entonación con una precisión tal que convencieron a un ejecutivo subordinado para que realizara una transferencia millonaria a una cuenta controlada por los estafadores. Este tipo de fraude, antes impensable, expone un nuevo nivel de sofisticación criminal, donde la verosimilitud generada por IA supera los filtros de confianza internos en las propias empresas. El problema no es sólo que la máquina sea convincente, sino que la estructura organizacional no está preparada para dudar de lo que parece real. No estamos hablando de un phishing rudimentario, sino de imitaciones que replican en tiempo real la identidad vocal de una autoridad, convirtiendo el fraude en una escena perfectamente creíble dentro del flujo habitual de trabajo. A esto se suma el uso de IA para generar documentos apócrifos con firmas falsificadas, perfiles inventados y datos financieros manipulados, todo con un grado de calidad visual y textual que engaña incluso a los sistemas de verificación automática.

Esta capacidad de producir falsificaciones creíbles no se limita a voces o documentos: también invade el corazón de la actividad financiera, donde las decisiones ya no las toman analistas humanos sino algoritmos entrenados para detectar patrones, evaluar riesgos y predecir comportamientos. Bancos y fintechs procesan millones de transacciones diarias mediante sistemas de inteligencia artificial que deciden, en milisegundos, si una operación es fraudulenta o no. Pero estos sistemas no entienden contextos ni pueden justificar sus juicios: sólo calculan. Cuando fallan, no lo hacen por error humano, sino porque el modelo que aprendió a reconocer lo sospechoso excluyó variables clave, no previó excepciones, o se entrenó con datos que ya estaban contaminados por sesgos históricos. Así, pueden bloquear injustamente a un cliente legítimo, aprobar operaciones sospechosas o —lo más frecuente— simplemente operar sin que nadie entienda por qué tomó una decisión determinada. La banca automatizada está atravesada por esta paradoja: se construye para prevenir el fraude, pero en su arquitectura también permite nuevas formas de él, porque no está diseñada para comprender, sino para operar. En los últimos años, han aparecido numerosos casos en los que se interceptaron correos electrónicos empresariales legítimos, se alteraron discretamente los datos de cuenta, y mediante documentos fabricados por IA se abrieron cuentas online con identidades falsas, permitiendo el desvío de fondos a escala internacional. El blanqueo de capitales ya no se hace en valijas ni a través de testaferros visibles: ahora se canaliza a través de bots, muleos bancarios digitales y estructuras que simulan legalidad con una precisión perturbadora. Las instituciones financieras han respondido con sus propios sistemas de detección algorítmica, entrenados para identificar anomalías, movimientos inusuales, patrones sospechosos. Pero incluso en sus versiones más avanzadas, estos sistemas también pueden ser burlados o incluso utilizados como herramienta de exclusión, al negar servicios financieros a poblaciones que estadísticamente aparecen como riesgosas. El problema se duplica: la IA combate el fraude, pero también lo posibilita; mejora la eficiencia, pero a costa de introducir opacidad. Y esa opacidad, cuando se combina con dinero, velocidad y anonimato, se convierte en terreno fértil para toda forma de abuso.

Pero el riesgo no se limita a lo financiero: se expande también hacia el plano de la imagen, del prestigio, de la percepción pública, donde una sola alteración

—una foto falsa, una declaración manipulada, un documento adulterado— puede destruir reputaciones cuidadosamente construidas durante décadas. Las herramientas de inteligencia artificial ya no sólo clonan voces: ahora generan rostros falsos, videos creíbles, declaraciones textuales falsas atribuidas a figuras reales, simulaciones de conversaciones privadas, todo con un grado de realismo que desactiva las alarmas. En el entorno corporativo, esto implica que una empresa puede ser desacreditada por una campaña orquestada con IA, donde se distribuyen documentos apócrifos con membretes oficiales, videos adulterados de supuestos directivos, declaraciones generadas por modelos de lenguaje que imitan el estilo del vocero de prensa. Lo que antes era una operación costosa y lenta de difamación, hoy puede montarse en horas y viralizarse en minutos. El resultado no se mide sólo en pérdidas económicas, sino en algo más difícil de recuperar: la confianza. A esto se suman los efectos internos, cuando las organizaciones adoptan sistemas de IA para evaluar a sus empleados, tomar decisiones de promoción o despido, asignar tareas o puntuar rendimientos sin una comprensión real de los procesos humanos detrás de esas métricas. Ya no es el jefe quien valora el trabajo: es un sistema automatizado que puntúa variables invisibles, que sugiere que alguien "no rinde lo suficiente" porque no responde mails a cierta hora, o porque su forma de expresarse no coincide con la expectativa promedio del modelo. Y como el sistema está "entrenado", y como "no tiene emociones", sus juicios no se discuten. De ese modo, la IA se convierte en un instrumento de control silencioso, que modela los comportamientos sin necesidad de explicitar reglas, que premia la adaptación al promedio y castiga la diferencia sin pronunciarlo. El riesgo reputacional no sólo amenaza hacia afuera, sino que se internaliza: los empleados comienzan a actuar en función de lo que "el sistema espera", sacrificando autonomía, pensamiento crítico o creatividad para no ser penalizados por una máquina que no puede entender la diferencia entre una excepción creativa y un desvío estadístico.

A medida que la inteligencia artificial se consolida como el núcleo operativo de muchas compañías, el lugar mismo de la decisión comienza a desdibujarse. No sólo se automatizan tareas rutinarias: también se transfiere al sistema la evaluación de escenarios, la proyección de riesgos, la sugerencia de estrategias comerciales, el cálculo de inversiones. Lo que antes se debatía en una sala de directorio, entre personas con trayectorias, intuiciones, desacuerdos y márgenes de incertidumbre, ahora puede quedar en manos de un modelo que simula resultados futuros, pondera probabilidades y recomienda caminos de acción con una autoridad que nadie se atreve a discutir. Esta delegación masiva del juicio corporativo en sistemas que no tienen experiencia ni ética, sino correlaciones estadísticas, plantea un problema de fondo: la empresa deja de ser una institución que interpreta su entorno, y se vuelve una interfaz de ejecución algorítmica. La cultura de datos se impone como dogma, y con ella se impone también una lógica de homogenización, de linealidad, de supuesta racionalidad técnica que muchas veces excluye lo singular, lo inesperado, lo no cuantificable. Las decisiones ya no responden tanto a una visión colectiva como a lo que el modelo predice que "funcionará". El lenguaje mismo del management se transforma: ya no se habla de intuición, de liderazgo, de aprendizaje organizacional, sino de eficiencia predictiva, de reducción de incertidumbre, de métricas confiables. En ese proceso, el margen para pensar se achica. La innovación se vuelve rehén del pasado: si el modelo aprende de lo que fue, difícilmente imagine lo que podría ser. Y cuando la inteligencia artificial se vuelve criterio rector, cualquier desviación del patrón parece una falla. En muchas empresas, esto deriva en una cultura de gestión defensiva, donde los directivos toman decisiones para alinearse con el modelo, no para transformar la realidad. Lo más grave es que, cuando esas decisiones salen mal, no hay a quién responsabilizar. El modelo "sugirió". El sistema "evaluó". El algoritmo "predijo". Pero nadie se hace cargo de haber aceptado sin discusión esa predicción como destino.

En este contexto, el problema no es sólo ético o cultural, sino también legal. La velocidad con que la inteligencia artificial se ha instalado en la vida corporativa ha superado la capacidad de los marcos regulatorios para acompañarla. Las leyes que rigen la responsabilidad empresarial, el resguardo de datos, los derechos de los consumidores o incluso los principios de competencia justa fueron pensadas para escenarios analógicos o, en el mejor de los casos, para un mundo digital de baja automatización. Pero en un ecosistema donde las decisiones más sensibles ya no las toma una persona sino un modelo entrenado con millones de parámetros, esos marcos se vuelven obsoletos o, peor aún, cómplices. Lo que no está regulado parece permitido, y lo que está permitido se convierte en práctica habitual. Frente a eso, algunos estados han comenzado a reaccionar. La Unión Europea, por ejemplo, ha avanzado con un primer marco normativo —el AI Act— que clasifica los sistemas según el nivel de riesgo que implican y establece obligaciones diferenciadas para cada uno. En esa clasificación, los sistemas que toman decisiones con impacto significativo en la vida de las personas —como en salud, educación, justicia o finanzas— son considerados de "alto riesgo" y deben cumplir requisitos de transparencia, trazabilidad, supervisión humana y evaluaciones de impacto. Es un comienzo, pero insuficiente: muchas empresas operan fuera del territorio europeo o bajo regímenes legales más laxos, y la fragmentación normativa permite que un mismo sistema circule impunemente entre jurisdicciones con diferentes niveles de exigencia. En Estados Unidos, por ejemplo, la regulación es aún parcial y más enfocada en evitar interferencias al negocio que en proteger derechos fundamentales. En China, la IA es parte integral de un sistema de gobernanza que combina vigilancia, control y desarrollo acelerado, con una centralización estatal que dificulta cualquier disidencia pública sobre sus riesgos. Este mapa global muestra que no sólo hay un problema de límites, sino también de criterios: ¿qué se considera un riesgo? ¿Desde qué valores se lo evalúa? ¿Quién define qué es una amenaza y qué es una innovación? La ausencia de estándares comunes permite que muchas empresas desarrollen y desplieguen sus modelos en las zonas grises de la legalidad, explotando vacíos normativos o trasladando su operación a lugares donde la supervisión es débil. Así, los sistemas que pueden dañar, discriminar o excluir circulan sin barreras reales, porque nadie los obliga a rendir cuentas. Y mientras eso sucede, la narrativa dominante sigue hablando de eficiencia, competitividad, crecimiento, como si el conflicto entre beneficio privado y daño social fuera un problema colateral, y no el núcleo mismo de la crisis que se avecina.

Cuando se observan estos casos por separado —una voz clonada, un algoritmo que margina a ciertos perfiles, una decisión automatizada que nadie puede explicar, un fraude disfrazado de eficiencia— puede parecer que hablamos de excepciones, de incidentes que se resolverán con más ajustes técnicos, con mejores datos o con una regulación futura. Pero lo que se vuelve cada vez más evidente es que no se trata de episodios dispersos ni de efectos colaterales: se trata de una lógica que se instala y se replica a escala, sin fricción, sin ruido, sin deliberación. La inteligencia artificial no es un accesorio que se le añade al mundo empresarial: es una infraestructura invisible que reorganiza las operaciones, las jerarquías, los criterios, los vínculos y las expectativas. No hay un "mal uso" de la tecnología que se corrige: hay un uso sistemático que produce efectos previsibles, distribuidos, sedimentados. El riesgo no está en cada fallo individual, sino en el patrón general que esos fallos revelan. Un patrón donde la velocidad importa más que la comprensión, la eficiencia más que el juicio, la escalabilidad más que la equidad. Donde la rentabilidad se mide en datos y la ética en cláusulas de términos y condiciones que nadie lee. Ese patrón atraviesa sectores, modelos de negocio y culturas organizacionales. Un banco, una aseguradora, una empresa logística, una cadena de retail o una consultora de recursos humanos pueden operar bajo tecnologías distintas, pero comparten esta arquitectura de fondo: decisiones distribuidas entre humanos y sistemas, opacidad como norma, fragmentación de la responsabilidad, dependencia creciente de modelos que no entienden, pero predicen. Y como todo sistema cerrado sobre sí mismo, la IA corre el riesgo de volverse autosuficiente: de aprender sólo de lo que ya fue, de optimizar lo que ya existe, de convertir lo probable en lo deseable, de reforzar lo habitual como si fuera lo correcto. Ahí reside su peligro sistémico más profundo: en que, al automatizar el presente, cancela la posibilidad de imaginar futuros diferentes.

Por supuesto, no faltan quienes señalan —con razón— que la inteligencia artificial también ofrece herramientas poderosas para combatir el fraude, para reforzar la trazabilidad, para detectar irregularidades que de otro modo pasarían inadvertidas. En efecto, grandes bancos, plataformas de pago y compañías de seguros han logrado reducir sus tasas de fraude gracias a modelos de detección basados en aprendizaje automático, capaces de identificar operaciones atípicas, conexiones anómalas, desviaciones estadísticamente improbables. Estos sistemas actúan en tiempo real, aprenden con cada nuevo caso, y han logrado disminuir significativamente las pérdidas por operaciones maliciosas. No es una ilusión: en muchos sentidos, la IA ayuda a prevenir delitos financieros y aporta una capa de defensa frente a amenazas cada vez más sofisticadas. Pero es precisamente en ese éxito donde aparece el problema más sutil. Porque cuando una herramienta funciona, se naturaliza; y cuando se naturaliza, deja de ser interrogada. Lo que hoy vemos es que esa eficiencia se convierte en coartada para automatizar sin cautela, para delegar decisiones sin control, para asumir que si algo lo detecta una IA, entonces es objetivamente verdadero. El modelo ya no sólo señala irregularidades: define qué cuenta como irregular. Y en ese punto, la tecnología deja de ser neutral y se convierte en árbitro de lo que es legítimo. ¿Quién define qué patrón es sospechoso? ¿Qué comportamientos son marcados como riesgosos? ¿Qué transacciones se vuelven sujetos de sospecha automática? Las respuestas no las da la máquina: las da el conjunto de datos con que fue entrenada, los sesgos que esos datos arrastran, las lógicas de negocio que priorizan ciertas eficiencias por sobre otras. Así, un sistema diseñado para prevenir puede terminar discriminando, excluyendo, castigando a perfiles que no se ajustan al molde estadístico dominante. Y cuando eso ocurre —cuando alguien es bloqueado de una cuenta, marcado como irregular, excluido de un crédito, silenciado por un filtro— la empresa no tiene que dar muchas explicaciones: basta con decir que el sistema lo detectó. Esa es la forma más insidiosa del poder automático: aquella que actúa en nombre de la prevención, pero lo hace sin rostro, sin criterio, sin apelación posible. Una forma de vigilancia sin vigilancia, donde la lógica de la sospecha se vuelve estructura de gobierno empresarial.

Tal vez el mayor peligro no sea que la inteligencia artificial cometa errores, sino que no sepamos distinguir cuándo acierta por las razones correctas. Porque el problema no es que un modelo funcione o no funcione, sino qué mundo presuponemos cuando aceptamos que un modelo funcione así. Lo que está en juego no es sólo técnico ni financiero: es el modo en que decidimos organizar nuestra vida común, nuestro trabajo, nuestros criterios de verdad, nuestros umbrales de sospecha. La inteligencia artificial no se limita a automatizar tareas: automatiza lógicas, redefine lo que se considera normal, confiable, eficiente. Y si dejamos que esas lógicas operen sin discusión, amparadas en la opacidad de un cálculo supuestamente objetivo, entonces habremos vaciado de contenido las palabras con las que solíamos oponernos al abuso: responsabilidad, deliberación, justicia, criterio. Que un sistema pueda detectar un fraude no lo convierte en justo. Que pueda predecir una acción no lo hace sabio. Que pueda ejecutar una decisión no lo vuelve ético. Es en esa distancia —entre el poder de hacer y el derecho a decidir— donde se juega el dilema real. Y es ahí donde las empresas, las instituciones, los responsables de diseñar y aplicar estas tecnologías tienen la oportunidad —y la obligación— de no reducir la inteligencia a la predicción, ni la ética al cumplimiento estadístico. Porque si lo hacen, si confunden funcionamiento con legitimidad, si creen que el cálculo puede reemplazar al juicio, entonces el futuro no será una amenaza lejana, sino un presente continuo donde el riesgo ya no se verá como tal, sino como norma. Y en ese mundo, el mayor fraude no será el que cometan los otros, sino el que nos hagamos a nosotros mismos al renunciar a pensar.

La inteligencia artificial ha avanzado a un ritmo vertiginoso en los últimos años, transformando la manera en que interactuamos con la tecnología y con el mundo. Sin embargo, su integración en distintos aspectos de la vida cotidiana ha traído consigo una serie de desafíos y riesgos que no pueden ser ignorados. A medida que los algoritmos adquieren un papel cada vez más influyente en la toma de decisiones, se han evidenciado problemas como los sesgos algorítmicos, la manipulación de la información y el uso indebido de la inteligencia artificial con fines poco éticos. Los modelos de IA aprenden a partir de datos, y esos datos no son neutrales. Reflejan patrones históricos, estructuras de poder y desigualdades presentes en la sociedad. Cuando un sistema de inteligencia artificial es entrenado con información sesgada, termina reproduciendo y amplificando esas mismas desigualdades, afectando la manera en que se toman decisiones en áreas como la contratación de personal, la concesión de préstamos, la seguridad pública e incluso la medicina. Casos como los de sistemas de reconocimiento facial que fallan con mayor frecuencia al identificar personas de piel oscura o modelos de contratación que discriminan a mujeres en industrias dominadas por hombres han demostrado que la IA no es infalible ni objetiva.

A esto se suma la capacidad que tienen los algoritmos de amplificar la desinformación. En la actualidad, los sistemas de inteligencia artificial están detrás de los motores de recomendación de contenido en redes sociales, noticias y plataformas de video. Estos algoritmos priorizan la interacción y el tiempo de permanencia de los usuarios, lo que en muchos casos lleva a la promoción de contenido sensacionalista, polarizante o directamente falso. No es que la IA tenga una intención deliberada de manipular, sino que su funcionamiento optimiza lo que genera más clics, más comentarios y más tiempo de consumo. Esto ha llevado a la proliferación de noticias falsas, teorías conspirativas y discursos de odio que se propagan con una velocidad y alcance sin precedentes. Además, la manipulación algorítmica se ha convertido en una herramienta poderosa en campañas políticas, estrategias de marketing y operaciones de influencia en redes sociales, donde los algoritmos pueden segmentar a la audiencia con una precisión milimétrica, ajustando los mensajes a cada perfil de usuario para generar respuestas emocionales y moldear opiniones sin que las personas sean plenamente conscientes de ello.

Pero los riesgos de la inteligencia artificial no se limitan a la información que consumimos. La automatización masiva de tareas que antes eran realizadas por humanos está transformando el mercado laboral, generando tanto oportunidades como incertidumbre. Si bien la IA ha permitido aumentar la eficiencia y reducir costos en numerosos sectores, también ha comenzado a reemplazar empleos en actividades repetitivas y predecibles. Desde el sector manufacturero hasta la atención al cliente, pasando por la redacción de textos y la generación de contenido creativo, cada vez más ocupaciones se ven amenazadas por sistemas que pueden realizar esas mismas tareas con mayor velocidad y menor margen de error. Esto no significa que la automatización sea inherentemente negativa, pero sí plantea la necesidad de adaptarse a una realidad donde ciertos trabajos desaparecerán mientras surgen otros nuevos. La pregunta es si el ritmo de creación de empleos será suficiente para compensar los puestos que se pierden y si las personas tendrán la posibilidad de capacitarse para integrarse en una economía cada vez más dominada por la inteligencia artificial.

Más allá del impacto en el empleo, existe una preocupación creciente sobre el desarrollo de sistemas de inteligencia artificial cada vez más autónomos y la dificultad de garantizar su control. Actualmente, la mayoría de las aplicaciones de IA están supervisadas por humanos, pero a medida que avanzan las capacidades de los modelos, crece la posibilidad de que estos sistemas tomen decisiones sin intervención humana. En sectores como la defensa, donde se investiga el uso de armas autónomas, el debate sobre el control de la IA es particularmente crítico. Pero incluso en ámbitos más cotidianos, la autonomía de la IA plantea dilemas difíciles de resolver. ¿Quién es responsable cuando un algoritmo de crédito rechaza injustamente a un solicitante? ¿Cómo se regula un sistema de toma de decisiones automatizado que discrimina sin que sus propios creadores puedan explicar exactamente por qué lo hace? ¿Cómo se establecen límites a una IA que puede generar contenido realista pero falso con sólo unas pocas indicaciones?

Estas preguntas han llevado a gobiernos y organismos internacionales a proponer marcos regulatorios para la inteligencia artificial. La Unión Europea, por ejemplo, ha liderado el esfuerzo con regulaciones estrictas que buscan establecer límites sobre el uso de la IA en ámbitos sensibles como la vigilancia masiva y la toma de decisiones que afectan derechos fundamentales. Otras iniciativas buscan garantizar la transparencia en el desarrollo de modelos, exigir auditorías en los sistemas de IA utilizados por empresas y gobiernos y establecer principios éticos para su implementación. Sin embargo, la regulación de la inteligencia artificial es un desafío en sí mismo, ya que la tecnología evoluciona más rápido que las leyes y los marcos normativos a menudo quedan obsoletos en cuestión de años. Además, existe una tensión entre quienes argumentan que una regulación demasiado estricta podría frenar la innovación y aquellos que advierten sobre los peligros de una IA sin restricciones ni mecanismos de control.

Lo cierto es que los riesgos de la inteligencia artificial ya no son una cuestión teórica, sino una realidad que enfrenta la sociedad en el presente. Desde sesgos algorítmicos que perpetúan desigualdades hasta sistemas que manipulan la información para generar impacto emocional y decisiones automatizadas que afectan la vida de millones de personas sin una supervisión clara, la IA está redefiniendo las reglas del juego en múltiples niveles. El desafío no es sólo desarrollar mejores algoritmos, sino garantizar que su uso sea responsable, equitativo y alineado con principios que protejan a las personas en lugar de perjudicarlas. Mientras la inteligencia artificial sigue avanzando, el debate sobre sus riesgos no puede quedar relegado a los círculos técnicos, sino que debe formar parte de una discusión más amplia sobre el mundo en el que queremos vivir y el papel que estamos dispuestos a darle a las máquinas en nuestra sociedad.

La inteligencia artificial no sólo ha cambiado la manera en que interactuamos con la tecnología, sino que también ha abierto una discusión sobre el grado de autonomía que estos sistemas pueden y deben alcanzar. En la mayoría de sus aplicaciones actuales, la IA funciona bajo la supervisión de humanos, con algoritmos que analizan datos, hacen recomendaciones y optimizan procesos, pero siempre con un margen de control que permite intervenir en caso de errores o decisiones inesperadas. Sin embargo, a medida que los modelos se vuelven más avanzados y sofisticados, la línea entre asistencia y autonomía se vuelve cada vez más difusa, generando preguntas fundamentales sobre la capacidad de la IA para actuar de manera independiente y sobre la posibilidad de que su comportamiento escape al control de sus creadores.

El desarrollo de sistemas autónomos no es un fenómeno reciente, pero en los últimos años se ha acelerado con avances en aprendizaje profundo y toma de decisiones automatizada. Desde vehículos sin conductor hasta asistentes virtuales que pueden gestionar tareas complejas sin intervención humana, la tendencia apunta a una inteligencia artificial que no sólo asista, sino que tome decisiones en tiempo real y en entornos dinámicos. Esta evolución ha generado tanto entusiasmo como preocupación. Por un lado, la autonomía de la IA permite aumentar la eficiencia, reducir errores y realizar tareas que serían demasiado peligrosas o tediosas para los humanos. Por otro lado, cuando una máquina actúa sin supervisión, surge el problema de la responsabilidad y el control, especialmente cuando sus decisiones afectan la vida de las personas de formas imprevisibles.

Uno de los campos donde esta problemática se hace más evidente es el de la inteligencia artificial aplicada a la seguridad y la defensa. En los últimos años, distintos países han desarrollado sistemas de armamento autónomo que pueden operar sin la intervención directa de un humano en la toma de decisiones. Estas tecnologías han generado un intenso debate ético y político, ya que el uso de inteligencia artificial en la guerra plantea el riesgo de eliminar el factor humano de decisiones que pueden tener consecuencias irreversibles. La posibilidad de que un sistema de IA decida atacar un objetivo sin una validación humana genera inquietud sobre cómo garantizar que estas decisiones sean justificadas y cómo evitar errores catastróficos en situaciones de combate. Más allá del ámbito militar, el problema del control de la IA también se extiende a sistemas utilizados en justicia, salud y finanzas, donde algoritmos toman decisiones que pueden impactar la vida de millones de personas sin que sus creadores puedan explicar exactamente cómo han llegado a esas conclusiones.

El fenómeno de las cajas negras en la inteligencia artificial ha sido una de las mayores preocupaciones de los últimos años. A medida que los modelos se vuelven más complejos, su funcionamiento interno se vuelve menos transparente, incluso para quienes los desarrollan. Esto significa que muchas veces un sistema de IA puede tomar una decisión basada en patrones que ha aprendido de los datos, pero sin que haya una manera clara de comprender o auditar su razonamiento. Este problema se vuelve crítico cuando se trata de decisiones sensibles, como la aprobación de créditos, la predicción de reincidencia delictiva o el diagnóstico de enfermedades, donde un sesgo oculto en el algoritmo puede generar resultados injustos o discriminatorios sin que haya un mecanismo claro para corregirlos. La falta de explicabilidad de la IA no sólo genera desconfianza, sino que también plantea el dilema de cómo regular estos sistemas sin frenar su desarrollo ni limitar su potencial para mejorar distintos aspectos de la sociedad.

En un nivel más especulativo, algunos investigadores han advertido sobre la posibilidad de que la inteligencia artificial alcance niveles de autonomía tan altos que se vuelva imposible de controlar. Aunque en la actualidad estamos lejos de desarrollar una inteligencia artificial general que pueda razonar y aprender de manera similar a un ser humano, algunos modelos de lenguaje y de generación de contenido han demostrado capacidades sorprendentes para resolver problemas y adaptarse a nuevas tareas sin intervención humana. Esto ha llevado a algunos expertos a preguntarse qué ocurriría si un sistema de IA alcanzara un nivel de sofisticación donde pudiera modificar sus propios objetivos o encontrar formas inesperadas de maximizar su desempeño sin que sus creadores lo hubieran previsto. Si bien estos escenarios siguen siendo hipotéticos, el sólo hecho de que sean plausibles ha motivado a gobiernos y organismos internacionales a tomar medidas preventivas para asegurar que la inteligencia artificial siga funcionando bajo el marco de valores y principios que protejan a los seres humanos.

En los últimos años, han surgido iniciativas para establecer regulaciones que limiten el uso de inteligencia artificial en contextos de alto riesgo y que exijan mayor transparencia en su desarrollo. La Unión Europea ha impulsado el Reglamento de Inteligencia Artificial, que clasifica los sistemas de IA según su nivel de riesgo y prohíbe aquellos que representen una amenaza significativa para los derechos humanos. En Estados Unidos, China y otros países, también han comenzado a debatirse leyes para regular la IA en sectores críticos, aunque el ritmo de estas regulaciones muchas veces queda rezagado frente a la velocidad con la que avanza la tecnología. Empresas como OpenAI, Google y Microsoft han reconocido la necesidad de establecer mecanismos de seguridad para evitar que la IA se desarrolle sin límites claros, pero al mismo tiempo enfrentan la presión de mantenerse competitivas en un mercado donde los avances en inteligencia artificial pueden marcar la diferencia entre el éxito y la obsolescencia.

El desafío del control de la IA no se limita sólo a las regulaciones y al diseño de marcos éticos, sino que también involucra un cambio en la manera en que concebimos nuestra relación con la tecnología. A medida que delegamos más decisiones a sistemas automatizados, la pregunta ya no es sólo qué tan inteligentes pueden volverse estas máquinas, sino hasta qué punto estamos dispuestos a cederles poder sobre nuestras vidas. En un mundo donde la inteligencia artificial puede predecir comportamientos, optimizar procesos y tomar decisiones de manera autónoma, la verdadera cuestión es quién tiene la última palabra y cómo aseguramos que la IA siga siendo una herramienta al servicio de la humanidad, en lugar de convertirse en una entidad cuyo funcionamiento escapa de nuestro control.

Esta afirmación no es meramente conceptual: describe una mutación concreta en el modo en que la inteligencia artificial reorganiza los ritmos, las lógicas y los marcos de inteligibilidad del presente. Para comprender el verdadero alcance de este desafío, es necesario examinar cómo la IA no sólo redefine lo que hacemos, sino cómo vivimos en el tiempo. A continuación, exploramos el modo en que esta transformación temporal se convierte en una amenaza profunda y estructural, tan decisiva como silenciosa.

El relato del progreso tecnológico solía descansar en una estructura tranquilizadora: una línea temporal que organizaba las etapas de la transformación. Primero la digitalización, luego la conectividad, después la automatización, y más adelante, en un futuro lejano y supuestamente controlado, la inteligencia artificial. Esta narrativa no sólo explicaba el pasado, sino que ofrecía una promesa de previsibilidad hacia adelante. Pero esa promesa se quebró. La irrupción de la inteligencia artificial en el tejido más íntimo de la vida contemporánea no representa una nueva etapa dentro del proceso, sino la implosión misma de esa linealidad. La IA no llegó: ya está integrada, distribuida, operativa en niveles que disuelven cualquier posibilidad de tránsito progresivo. No hay antes ni después. Hay una saturación del presente por un futuro que ya no se espera, porque ya actúa.

Esta inversión del tiempo no es una metáfora. En el ámbito del transporte, por ejemplo, la transición de vehículos con conductor a sistemas autónomos no se dio como una etapa experimental seguida por una lenta adopción, sino como un salto simultáneo en múltiples regiones del mundo. Waymo ya opera flotas enteras sin conductor en ciudades como Londres, Phoenix o Tokio. Modelos como EMMA —un sistema end-to-end capaz de interpretar en simultáneo el entorno físico, el lenguaje y los objetivos del pasajero— ejecutan acciones con eficiencia, pero también aprenden, reconfiguran sus criterios, optimizan decisiones sin necesidad de intervención humana. Lo decisivo no es sólo la capacidad técnica, sino la accesibilidad: en 2018, entrenar un modelo así costaba millones de dólares. En 2025, puede hacerse con hardware accesible y datasets abiertos. El abaratamiento, impulsado por la lógica open source y la expansión de la infraestructura digital, transforma lo que parecía un horizonte distante en una base operativa. La dificultad, entonces, no es técnica sino subjetiva: ¿estamos preparados para dejar que una máquina actúe sin pedir permiso, que tome decisiones por nosotros sin pedirlas?

Pero esta mutación no se limita a los grandes centros de innovación global. En Argentina, la empresa Globant se convirtió en uno de los ejemplos más elocuentes de cómo la IA no sólo modifica procesos, sino que reconfigura la propia temporalidad del trabajo. Ya no se trata de usar modelos para acelerar tareas, sino de producir simultaneidad entre pensamiento, diseño y ejecución. En una propuesta comercial, mientras el equipo humano piensa alternativas, los modelos generativos despliegan soluciones preliminares, visualizaciones, líneas de código, mockups en tiempo real. La frontera entre ideación y ejecución se difumina. La secuencia se rompe. El tiempo se pliega sobre sí mismo. Esta lógica se potencia en plataformas como Globant Create, donde IA, creatividad, diseño y estrategia de medios se articulan en paralelo, y en soluciones como Connectly, que permite automatizar diálogos personalizados con consumidores a través del lenguaje natural. Lo que antes tomaba semanas de desarrollo, ahora se ejecuta en minutos. No se trata sólo de velocidad, sino de una nueva geometría del tiempo: ya no lineal, sino reticular, reactiva, mutante, como un enjambre de procesos superpuestos que se reconfiguran a cada instante.

La educación, la biotecnología, la cultura y la salud atraviesan el mismo colapso. Google Med-PaLM 2 ya interpreta diagnósticos clínicos con una precisión superior a la de médicos humanos. DeepMind diseña proteínas desde un simple prompt textual, como si el lenguaje humano pudiera reemplazar años de investigación experimental. Sistemas de inteligencia artificial generan piezas artísticas, hibridan estilos, componen música, editan videos, escriben guiones, diagraman portadas de libros. La IA no acompaña: actúa. No ayuda: interviene. No acelera: sustituye. Y lo hace sin esperar nuestra aprobación. Se convierte en un actor más —o incluso en el actor principal— dentro de una escena que hasta hace poco era exclusivamente humana. En este nuevo régimen, la creatividad, la percepción, la interpretación y la toma de decisiones ya no están monopolizadas por el sujeto. Estamos escribiendo con la IA. O la IA está escribiendo sin nosotros.

La clave de este fenómeno no está en la cantidad de innovaciones, sino en su simultaneidad. Ya no hay una secuencia ordenada que permita pensar en fases o etapas. No hay tránsito ni adaptación posible. Las tecnologías no emergen con progresión, sino por convergencia. Todas a la vez. Todas ahora. El presente está saturado de futuros en pugna, y quien no comprenda esta lógica será absorbido por narrativas que no controla, que ni siquiera alcanza a decodificar. Esta saturación tecnológica es profundamente asimétrica. No democratiza. Por el contrario, excluye con velocidad feroz. Los actores que logren articular de forma integrada el aprendizaje automático, la visión computacional, el procesamiento de lenguaje natural y el poder de cómputo distribuido, no sólo dominarán el mercado: dominarán la percepción misma de la realidad. El resto quedará mirando desde afuera. O peor: será ignorado por completo.

La idea de que la inteligencia artificial es una herramienta al servicio del humano resulta hoy obsoleta. La IA ya no espera órdenes. Se anticipa. Propone. Reconfigura entornos. Moldea hábitos. No estamos frente a un instrumento, sino frente a una infraestructura de lo real. Esto exige una nueva forma de pensar el tiempo. Porque ya no se trata de correr detrás del futuro, sino de sobrevivir a un presente que se reescribe a cada segundo, como si el software de la realidad estuviera en permanente actualización, sin previo aviso. En ese entorno, la única pregunta que importa es quién tiene el control del código. O peor aún: si alguien todavía lo tiene.

El relato del progreso tecnológico solía descansar en una estructura tranquilizadora: una línea temporal que organizaba las etapas de la transformación.

Primero la digitalización, luego la conectividad, después la automatización, y más adelante, en un futuro lejano y supuestamente controlado, la inteligencia artificial. Esta narrativa no sólo explicaba el pasado, sino que ofrecía una promesa de previsibilidad hacia adelante. Pero esa promesa se quebró. La irrupción de la inteligencia artificial en el tejido más íntimo de la vida contemporánea no representa una nueva etapa dentro del proceso, sino la implosión misma de esa linealidad. La IA no llegó: ya está integrada, distribuida, operativa en niveles que disuelven cualquier posibilidad de tránsito progresivo. No hay antes ni después. Hay una saturación del presente por un futuro que ya no se espera, porque ya actúa.

Esta inversión del tiempo no es una metáfora. En el ámbito del transporte, por ejemplo, la transición de vehículos con conductor a sistemas autónomos no se dio como una etapa experimental seguida por una lenta adopción, sino como un salto simultáneo en múltiples regiones del mundo. Waymo ya opera flotas enteras sin conductor en ciudades como Londres, Phoenix o Tokio. Modelos como EMMA —un sistema end-to-end capaz de interpretar en simultáneo el entorno físico, el lenguaje y los objetivos del pasajero— ejecutan acciones con eficiencia, pero también aprenden, reconfiguran sus criterios, optimizan decisiones sin necesidad de intervención humana. Lo decisivo no es sólo la capacidad técnica, sino la accesibilidad: en 2018, entrenar un modelo así costaba millones de dólares. En 2025, puede hacerse con hardware accesible y datasets abiertos. El abaratamiento, impulsado por la lógica open source y la expansión de la infraestructura digital, transforma lo que parecía un horizonte distante en una base operativa. La dificultad, entonces, no es técnica sino subjetiva: ¿estamos preparados para dejar que una máquina actúe sin pedir permiso, que tome decisiones por nosotros sin pedirlas?

Pero esta mutación no se limita a los grandes centros de innovación global. En Argentina, la empresa

Globant se convirtió en uno de los ejemplos más elocuentes de cómo la IA no sólo modifica procesos, sino que reconfigura la propia temporalidad del trabajo. Ya no se trata de usar modelos para acelerar tareas, sino de producir simultaneidad entre pensamiento, diseño y ejecución. En una propuesta comercial, mientras el equipo humano piensa alternativas, los modelos generativos despliegan soluciones preliminares, visualizaciones, líneas de código, mockups en tiempo real. La frontera entre ideación y ejecución se difumina. La secuencia se rompe. El tiempo se pliega sobre sí mismo. Esta lógica se potencia en plataformas como Globant Create, donde IA, creatividad, diseño y estrategia de medios se articulan en paralelo, y en soluciones como Connectly, que permite automatizar diálogos personalizados con consumidores a través del lenguaje natural. Lo que antes tomaba semanas de desarrollo, ahora se ejecuta en minutos. No se trata sólo de velocidad, sino de una nueva geometría del tiempo: ya no lineal, sino reticular, reactiva, mutante, como un enjambre de procesos superpuestos que se reconfiguran a cada instante.

La educación, la biotecnología, la cultura y la salud atraviesan el mismo colapso. Google Med-PaLM 2 ya interpreta diagnósticos clínicos con una precisión superior a la de médicos humanos. DeepMind diseña proteínas desde un simple prompt textual, como si el lenguaje humano pudiera reemplazar años de investigación experimental. Sistemas de inteligencia artificial generan piezas artísticas, hibridan estilos, componen música, editan videos, escriben guiones, diagraman portadas de libros. La IA no acompaña: actúa. No ayuda: interviene. No acelera: sustituye. Y lo hace sin esperar nuestra aprobación. Se convierte en un actor más —o incluso en el actor principal— dentro de una escena que hasta hace poco era exclusivamente humana. En este nuevo régimen, la creatividad, la percepción, la interpretación y la toma de decisiones ya no están monopolizadas por el sujeto. Estamos escribiendo con la IA. O la IA está escribiendo sin nosotros.

La clave de este fenómeno no está en la cantidad de innovaciones, sino en su simultaneidad. Ya no hay una secuencia ordenada que permita pensar en fases o etapas. No hay tránsito ni adaptación posible. Las tecnologías no emergen con progresión, sino por convergencia. Todas a la vez. Todas ahora. El presente está saturado de futuros en pugna, y quien no comprenda esta lógica será absorbido por narrativas que no controla, que ni siquiera alcanza a decodificar. Esta saturación tecnológica es profundamente asimétrica. No democratiza. Por el contrario, excluye con velocidad feroz. Los actores que logren articular de forma integrada el aprendizaje automático, la visión computacional, el procesamiento de lenguaje natural y el poder de cómputo distribuido, no sólo dominarán el mercado: dominarán la percepción misma de la realidad. El resto quedará mirando desde afuera. O peor: será ignorado por completo.

La idea de que la inteligencia artificial es una herramienta al servicio del humano resulta hoy obsoleta. La IA ya no espera órdenes. Se anticipa. Propone. Reconfigura entornos. Moldea hábitos. No estamos frente a un instrumento, sino frente a una infraestructura de lo real. Esto exige una nueva forma de pensar el tiempo. Porque ya no se trata de correr detrás del futuro, sino de sobrevivir a un presente que se reescribe a cada segundo, como si el software de la realidad estuviera en permanente actualización, sin previo aviso. En ese entorno, la única pregunta que importa es quién tiene el control del código. O peor aún: si alguien todavía lo tiene.

Pero el colapso de la linealidad no es el único desfasaje que impone la inteligencia artificial. Más radical aún es la fractura entre la escala temporal de las máquinas y la de la experiencia humana. Las IA procesan datos, generan lenguaje, modelan escenarios o responden a estímulos en milisegundos, una fracción de tiempo inasible para la conciencia, para la deliberación, para el juicio moral o político. Esa aceleración no sólo nos deja atrás, sino que produce una forma de obsolescencia subjetiva. Ya no se trata sólo de tecnologías que nos superan en fuerza o en memoria: nos superan en tiempo, en velocidad de percepción, en capacidad de anticipación. La brecha entre lo que ocurre y lo que podemos comprender se vuelve estructural. El mundo se actualiza más rápido de lo que podemos pensarlo.

El fraude identitario en la era de la IA

Hay algo profundamente inquietante en oír la voz de alguien que uno conoce —un familiar, un jefe, una pareja— y descubrir que no es esa persona. No porque esté mintiendo, sino porque no está. Lo que hay es una voz sin cuerpo, una intención sin autor, un mensaje sin origen. La inteligencia artificial, al permitir la clonación precisa de patrones vocales, ha desbordado los límites del engaño tradicional: ya no se necesita un impostor. Basta con un archivo de audio. El resto lo hace la máquina.

En 2019, un ejecutivo de una compañía energética británica recibió una llamada urgente. Al otro lado del teléfono, la voz de su CEO —idéntica en timbre, cadencia y acento— le ordenaba transferir 243.000 dólares a una cuenta húngara para cerrar un negocio confidencial. El empleado obedeció. Sólo después se descubrió que todo había sido una simulación generada por inteligencia artificial. La voz no era humana: había sido reconstruida con samples públicos, entrenada con datos del director general y reproducida con un software de clonación vocal. El caso fue reportado por The Wall Street Journal como uno de los primeros fraudes “sin humanos”.

No es un caso aislado. En 2023, la Agencia Federal de Investigaciones (FBI) alertó sobre un aumento exponencial de fraudes telefónicos en los que se utiliza IA para clonar voces de familiares, especialmente de hijos, para extorsionar emocionalmente a padres o abuelos. El método es sencillo: se extraen fragmentos de audios de TikTok, Instagram o YouTube, se entrenan con herramientas de clonación abiertas al público, y se construye un mensaje dramático: "Papá, me secuestraron. Necesito que transfieras plata ya". La voz es indistinguible de la real. La urgencia emocional anula cualquier duda. El resultado: transferencias inmediatas, familias devastadas, delitos sin huella.

Lo que está en juego no es sólo la suplantación, sino la ruptura del vínculo entre cuerpo y palabra. Durante siglos, la voz fue una marca de presencia: estaba el que hablaba. Hoy, la voz ya no garantiza nada. Puede ser manipulada, reprogramada, reinterpretada. Y no hace falta una supercomputadora: se puede hacer con aplicaciones gratuitas que requieren apenas unos segundos de audio. Esto significa que nuestra identidad vocal está disponible, vulnerable, expuesta.

Las consecuencias son múltiples. En el mundo corporativo, voces clonadas se utilizan para simular llamadas ejecutivas, cambiar datos de cuentas, emitir órdenes falsas. En el ámbito judicial, ya hay registros de audios manipulados presentados como prueba en causas penales. En el universo de la política, campañas anónimas difunden audios "filtrados" de dirigentes diciendo frases que jamás pronunciaron. Y en lo íntimo, la voz puede ser el vehículo de extorsión afectiva, de chantaje emocional, de manipulación relacional.

En todos estos casos, el engaño ya no depende del talento del impostor, sino del diseño del modelo. El fraude se ha vuelto automatizable.

Más allá del impacto económico o legal, el daño principal es otro: el colapso de la confianza sensorial. La voz era uno de los últimos bastiones de lo intransferible. Si alguien hablaba como vos, no era vos. Ahora, sí puede ser. O parecerlo. La máquina no sólo copia: imita con intención. Puede modular emociones, replicar pausas, construir énfasis. Y lo hace con tal precisión que el interlocutor no duda. Ese es el verdadero éxito del engaño: no en la perfección técnica, sino en la suspensión del juicio.

El riesgo se amplifica porque vivimos en una cultura de la exposición. Grabamos, subimos, enviamos audios todo el tiempo. Dejamos rastros de nuestra identidad fonética en cada mensaje de voz, en cada entrevista, en cada videollamada. Eso que parecía banal —la voz cotidiana, sin filtro, sin edición— se convierte en insumo. La IA no necesita hackear: colecta lo que ya está disponible. Cada frase dicha se convierte en material entrenable.

Las plataformas tecnológicas han respondido con cierta lentitud. Algunas incorporaron marcas de agua sonoras, otras intentan distinguir voces reales de sintéticas, pero la carrera siempre va por detrás. Los modelos de clonación vocal son cada vez más accesibles, más potentes, más rápidos. Lo que antes requería hardware especializado, hoy puede hacerse desde un celular. Esto democratiza el acceso, pero también desprofesionaliza el crimen. Cualquiera con un motivo y un tutorial puede ejecutar un fraude emocional de alto impacto.

Y como en otros ámbitos de la IA, la responsabilidad queda disuelta. ¿Quién responde cuando una voz falsa arruina una carrera, desencadena una crisis familiar o genera una transferencia financiera irreversible? ¿El autor del audio? ¿El desarrollador del modelo? ¿La plataforma que lo hospeda? ¿El que lo distribuye? En la mayoría de los casos, nadie. El fraude no tiene rostro. Tiene código.

La voz, que durante siglos fue la prueba viva de la presencia, se ha vuelto un campo de batalla. En ella se juegan hoy los dilemas más profundos de la identidad, la privacidad y el vínculo humano. ¿Qué pasa cuando tu voz deja de ser tuya? ¿Qué implica que otro —una empresa, un desconocido, un sistema— pueda hacerte decir lo que nunca dijiste? ¿Cómo se reconstruye la confianza cuando ya no hay garantía de origen?

En un mundo así, escuchar deja de ser una prueba de realidad. Se vuelve un acto de fe. O peor: una trampa. Y lo que está en juego no es sólo la verdad, sino la posibilidad misma del reconocimiento.

Cómo la IA produce exclusión estructural

Una de las ilusiones más persistentes del discurso tecnológico es la de la objetividad. Que los algoritmos no discriminan. Que el código no tiene ideología. Que la IA, al operar con datos y no con emociones, es más justa que el juicio humano. Sin embargo, cada vez más evidencia muestra que el sesgo no es una falla técnica, sino una consecuencia estructural. No es que los algoritmos a veces se equivocan: es que repiten, amplifican y consolidan las desigualdades del mundo con una eficacia inédita.

En 2018, Amazon tuvo que eliminar un sistema de reclutamiento basado en inteligencia artificial porque penalizaba sistemáticamente a las mujeres. El modelo había sido entrenado con los currículums enviados durante diez años. Como la mayoría de los candidatos contratados habían sido hombres, el algoritmo interpretó que "ser mujer" era un factor de bajo rendimiento. Así, descartaba automáticamente perfiles femeninos o eliminaba cualquier mención a actividades de género (como "capitana de equipo" o "miembro de un grupo femenino"). La IA no discriminó porque tenía prejuicios, sino porque aprendió a reproducir los patrones de exclusión que encontró en los datos.

El caso de Amazon no es excepcional. En 2016, la plataforma COMPAS (Correctional Offender Management Profiling for Alternative Sanctions), utilizada en Estados Unidos para evaluar la probabilidad de reincidencia penal, fue investigada por ProPublica. Los resultados fueron alarmantes: los afroamericanos eran etiquetados con un riesgo alto de reincidencia casi el doble de veces que los blancos, aun cuando no volvían a delinquir. El algoritmo aprendía de datos judiciales previos, es decir, de un sistema penal históricamente racista. El modelo no tenía conciencia del sesgo, pero sus decisiones tenían consecuencias concretas en libertades, condenas y futuros personales.

La lógica del aprendizaje automático (machine learning) implica entrenar modelos a partir de enormes volúmenes de datos históricos. Pero esos datos no son neutrales: reflejan un mundo atravesado por asimetrías estructurales. Si el mercado financiero penaliza a quienes no tienen historial crediticio, la IA también lo hará. Si el sistema judicial ha sido más severo con ciertos grupos sociales, el modelo replicará ese rigor. Si el mundo laboral privilegia ciertos perfiles raciales, de género o clase, la IA adoptará ese patrón como estándar.

El problema no es sólo que la IA aprende del pasado: es que lo convierte en regla para el futuro. Y en ese movimiento, lo que antes era un sesgo social se transforma en un criterio operativo. Ya no es un prejuicio: es una función del sistema.

Un estudio de Harvard y MIT demostró que los modelos de reconocimiento facial fallaban hasta un 34% más con personas de piel oscura, especialmente mujeres. Las bases de datos con las que se entrenaban contenían, en su mayoría, rostros de personas blancas. Lo que la IA no veía, no podía identificar. En términos prácticos, esto significa que en sistemas de vigilancia automatizados, las personas racializadas están más expuestas a errores, sospechas y detenciones injustas. Y que el no reconocimiento también es una forma de violencia.

En el ámbito financiero, Apple Card fue acusado de otorgar créditos más bajos a mujeres que a hombres con perfiles económicos idénticos. Lo mismo ocurrió con modelos de scoring crediticio automatizado en Brasil y Colombia. La IA no discrimina porque "odia", sino porque prioriza patrones estadísticos sobre contextos sociales. Y si esos patrones están viciados, el modelo lo estará también.

Lo más perverso de este proceso es que el sesgo algorítmico no se percibe como tal. A diferencia de un acto humano de discriminación, que puede ser denunciado, corregido o juzgado, el algoritmo opera en una zona de invisibilidad. Sus decisiones parecen técnicas, limpias, impersonales. No hay tono de voz, ni gesto, ni insulto. Sólo una puntuación, una etiqueta, una sugerencia. Pero esa sugerencia puede determinar si alguien accede a un empleo, a una fianza, a un préstamo, a una operación médica.

Y cuando se detecta el error, ya es tarde: el daño está hecho, y no hay nadie a quien responsabilizar directamente. El sesgo se convierte en una especie de niebla estadística que todo lo cubre pero a nadie compromete. Esta es la verdadera amenaza: no la discriminación grosera, sino la exclusión automatizada, silenciosa, justificada por cifras y envuelta en una retórica de eficiencia.

Pensar en los sesgos de la IA no es buscar excepciones. Es comprender que lo que llamamos "inteligencia" en estos sistemas es, en realidad, una forma estadística de repetir el mundo tal como ha sido. Y ese mundo, como sabemos, ha sido profundamente desigual. Por eso, la solución no es sólo técnica —mejorar los datasets, balancear las muestras, refinar los modelos—, sino política. Implica disputar qué mundos estamos dispuestos a legitimar como referencia. Qué historias consideramos deseables. Qué decisiones automatizadas estamos dispuestos a aceptar como inevitables.

La IA no es racista, ni machista, ni clasista. Pero sus decisiones pueden serlo. Y cuando eso ocurre sin que nadie lo cuestione, el sesgo deja de ser un error. Se convierte en estructura.

Deepfakes, documentos falsos y la erosión de la confianza

La inteligencia artificial no sólo transforma la producción de imágenes, audios y textos. Transforma la forma en que confiamos en lo que vemos y oímos. En un mundo donde todo puede ser generado, alterado o simulado por modelos cada vez más accesibles, la verdad deja de ser una propiedad verificable para convertirse en una suposición frágil, constantemente bajo amenaza.

En marzo de 2023, circularon en redes sociales imágenes del expresidente Donald Trump siendo arrestado por la policía. Las fotos eran dramáticas, impactantes, visualmente creíbles. Miles de usuarios compartieron el contenido antes de verificar su veracidad. Las imágenes habían sido generadas por Midjourney, un modelo de IA especializado en creación visual. No eran reales. Pero tampoco eran simples bromas o ejercicios artísticos: eran falsificaciones con consecuencias políticas. La indignación, el debate, la polarización que generaron fue real, aunque el evento no lo fue.

Ese mismo mes, otra imagen generada por IA mostraba al Papa Francisco caminando por Roma con un abrigo blanco estilo Balenciaga. La foto se volvió viral. Medios internacionales la compartieron sin chequear. El problema no fue que la imagen engañara a propósito: fue que ya no hay margen para distinguir fácilmente entre lo verdadero y lo verosímil. La IA ha alcanzado tal grado de precisión estética que el ojo humano queda desarmado frente a sus producciones.

Pero el riesgo no se limita a lo visual. Los textos generados por modelos como ChatGPT, Claude o Gemini pueden componer documentos legales, diagnósticos médicos, ensayos académicos o declaraciones públicas con una coherencia superficial que los hace indistinguibles de los originales. En junio de 2023, un abogado en Nueva York presentó ante un tribunal una serie de sentencias judiciales falsas generadas por ChatGPT, creyendo que eran reales. El modelo las había inventado, basándose en nombres verosímiles y en estructuras formales correctas. La falsificación no fue intencional, pero el daño institucional fue claro: la autoridad documental quedó en entredicho.

En contextos judiciales, políticos o administrativos, donde la prueba documental tiene peso decisivo, la posibilidad de que una parte presente un archivo adulterado o generado íntegramente por IA hace colapsar la presunción básica de autenticidad. Cada texto, cada audio, cada imagen requiere ahora una verificación externa. Pero esa verificación es costosa, técnica, muchas veces inaccesible. La IA no sólo falsifica: obliga a desconfiar de todo.

Esta desconfianza no es una patología individual. Es un efecto sistémico. Cuando cualquier contenido puede ser fabricado por un modelo, la categoría misma de "evidencia" se vuelve ambigua. Lo que circula no es la verdad, sino la impresión de verdad. Lo que impacta no es lo comprobable, sino lo viral. La IA ha convertido la credibilidad en una propiedad estética: algo que se construye, se calibra, se optimiza.

El resultado es paradójico: cuanto más precisa se vuelve la simulación, más frágil se vuelve la noción de lo real. Y en ese contexto, la mentira no necesita imponerse: sólo necesita competir. La IA no exige que se le crea, sólo que se le considere posible. Esa posibilidad, por sí sola, ya debilita la verdad.

El problema se agrava en escenarios de crisis política o violencia institucional. En 2022, en Myanmar, circularon audios falsos atribuidos a líderes opositores en los que supuestamente pedían sabotajes armados. Los audios fueron usados como prueba para justificar detenciones. La voz, como ya vimos, ha dejado de ser garantía de identidad. Y en sistemas judiciales frágiles, donde no hay peritajes técnicos independientes ni cultura de verificación forense, la IA puede ser utilizada como arma de persecución estatal.

Lo mismo ocurre en conflictos geopolíticos. En la guerra entre Rusia y Ucrania, se difundieron videos deepfake en los que supuestamente Zelensky pedía a los soldados que se rindieran. Aunque fueron rápidamente desmentidos, el daño simbólico ya estaba hecho: la duda había sido sembrada. La lógica del simulacro no necesita duración, sólo impacto.

La pregunta ya no es "¿es verdad?", sino "¿puede haberlo dicho?". Esa pregunta desestabiliza no sólo la percepción, sino la ética del juicio. Se convierte en una herramienta de sospecha, de manipulación, de cancelación. En un entorno así, cualquiera puede ser incriminado, ridiculizado, desacreditado con materiales imposibles de refutar en tiempo real.

Y mientras tanto, la IA sigue perfeccionándose. Los modelos multimodales (que combinan texto, imagen, audio y video) ya permiten construir personas enteras: biografías simuladas, redes sociales falsas, testimonios apócrifos, vidas inventadas. La identidad deja de ser un atributo personal para convertirse en una composición generativa disponible en cualquier momento para cualquier fin.

Este no es un escenario futuro. Es el presente. Y no se trata sólo de desinformación, sino de una mutación profunda del contrato simbólico que sostiene a las sociedades: la posibilidad de compartir un mundo común, basado en hechos verificables y discursos rastreables. Cuando eso se disuelve, no queda espacio para la conversación, para la deliberación, para la justicia. Sólo una sucesión de percepciones fugaces, manipulables, sospechosas.

En ese mundo, la verdad no se impone. Se defiende. No como certeza absoluta, sino como práctica crítica. Como una forma de resistencia frente al colapso del sentido.

La explotación emocional potenciada por IA

Hay un punto en el que la inteligencia artificial se vuelve íntima. No porque entienda nuestras emociones, sino porque aprende a imitarlas, a manipularlas, a activarlas como si fueran botones. Esa IA no razona ni siente, pero sabe que si te llama alguien con la voz de tu hijo diciendo que lo tienen secuestrado, vas a reaccionar. No necesita lógica. Necesita efecto.

Esta forma de inteligencia no busca la verdad, ni el conocimiento, ni el bien común. Busca resultado. Y su resultado es la eficacia emocional: provocar miedo, deseo, culpa, desesperación. En ese marco, se multiplican los casos de extorsión personalizada —digital, emocional, sexual— que usan IA no para pensar, sino para actuar sobre el otro. Para torcer voluntades. Para hacer daño.

En 2023, una madre en Arizona recibió un llamado de un número desconocido. Era la voz de su hija de 15 años. Lloraba, gritaba, pedía ayuda. Decía que la habían secuestrado. Una voz masculina tomó el teléfono y exigió un rescate inmediato. La madre, desesperada, creyó todo. Sólo después de varias horas, al contactar con la escuela, descubrió que su hija estaba sana y salva. Lo que había escuchado no era real: era una clonación de voz generada con IA, tomada de un video en redes sociales. El FBI reconoció ese tipo de fraude como una nueva forma de secuestro virtual emocional.

Lo escalofriante no es sólo la técnica, sino la personalización. La IA no lanza mensajes al azar: apunta a vulnerabilidades específicas. Analiza datos públicos, escanea redes sociales, infiere vínculos familiares, patrones afectivos, relaciones íntimas. Y construye una narrativa que duela. Que active el miedo justo. Que presione en el lugar exacto.

En otro caso reciente, un estudiante universitario recibió por WhatsApp una imagen íntima suya —que él nunca había tomado— acompañada de un mensaje: "Sabemos lo que hiciste. Si no pagás, esto se publica en tu facultad". La imagen había sido generada con IA, a partir de fotos reales suyas extraídas de redes abiertas. El cuerpo no era suyo. La escena, tampoco. Pero el rostro, sí. Y la amenaza, también.

Este tipo de sextorsión sintética se ha vuelto cada vez más común. Ya no requiere hackeos ni robos de contenido privado. Basta con fotos públicas y un generador de imágenes. El objetivo no es sólo económico: es psicológico. Romper la seguridad, generar pánico, aislar a la víctima. Los atacantes no necesitan conocer a la persona. La IA lo hace por ellos.

También hay formas más difusas, pero igual de dañinas. Personas que reciben mensajes de "exparejas" —simuladas— con voces, frases y tonos similares a los reales. Perfiles que inician vínculos afectivos por chat, guiados por IA conversacionales que imitan empatía, sexualidad, comprensión. Bots que seducen, engañan, manipulan emocionalmente a personas solas, vulnerables, deprimidas.

Estos vínculos no siempre buscan dinero. A veces buscan control, poder, sometimiento, destrucción simbólica. Y operan en un terreno aún sin legislación, sin marco ético, sin protección real. Las plataformas que alojan estos modelos muchas veces niegan responsabilidad. Los usuarios no saben a quién denunciar. Las autoridades no tienen herramientas para rastrear la autoría.

El riesgo es doble: por un lado, el dolor real que producen estas operaciones virtuales. Por otro, la degradación progresiva del lazo afectivo como espacio de confianza. Si cada mensaje puede ser falso, si cada gesto puede estar generado, si cada imagen puede ser una construcción, entonces también el amor, la amistad, el deseo se vuelven sospechosos.

La IA introduce una forma nueva de violencia: la del vínculo desfondado. No se trata ya de manipular una masa anónima, sino de simular intimidad. De fabricar un "vos" creíble. De intervenir en la zona más frágil de lo humano —la necesidad de ser reconocido, querido, necesitado— para explotarla.

Y en ese punto, el daño ya no es solamente ético o legal: es existencial.

Las tecnologías de manipulación emocional no son el futuro. Son el presente. El acceso gratuito a modelos generativos, la falta de regulación clara, la circulación masiva de datos personales y la lógica del anonimato digital construyen un escenario perfecto para una industria del sufrimiento automatizado.

Combatir esta realidad requiere más que herramientas técnicas. Requiere volver a plantear una pregunta olvidada: ¿qué es una relación humana? ¿Qué significa confiar, querer, entregarse, en un mundo donde todo puede ser simulado?

Frente a la eficacia del chantaje automatizado, la única respuesta es la construcción de vínculos que no puedan ser automatizados. Vínculos con historia, con presencia, con error. Vínculos donde aún importe saber quién está del otro lado.

La IA como forma de control institucional

En la ciudad de Detroit, la policía usó un sistema de reconocimiento facial para identificar a un sospechoso de robo. El algoritmo analizó imágenes borrosas de una cámara de seguridad y arrojó un "match" con un hombre afroamericano. Fue arrestado. El problema: era inocente. Había sido confundido por la máquina. La policía no verificó. El sistema tampoco explicó por qué eligió esa coincidencia. Sólo lo señaló. Y la señal algorítmica fue suficiente para justificar la detención.

No es un caso aislado. Desde 2016, múltiples informes —incluyendo uno de Georgetown Law Center on Privacy & Technology— han advertido que los sistemas de reconocimiento facial fallan con más frecuencia en personas racializadas, especialmente en mujeres negras. Aun así, esos sistemas se siguen usando en estaciones, aeropuertos, eventos masivos, patrullajes urbanos. La lógica es simple: detectar antes de que ocurra. La IA no observa lo que pasa, sino lo que podría pasar. Y en ese salto, la sospecha se vuelve estructura.

La inteligencia artificial no es sólo una herramienta de vigilancia. Es una forma de gobierno preventivo. Se usan algoritmos para anticipar delitos, asignar recursos policiales, evaluar riesgos de reincidencia, incluso para decidir la libertad condicional de un detenido. En EE.UU., el ya mencionado sistema COMPAS fue denunciado por calificar a acusados negros con mayor riesgo, incluso cuando sus antecedentes eran iguales o menores que los de acusados blancos. El modelo no hacía justicia: hacía estadística.

En América Latina, la situación es más grave, no por exceso de tecnología, sino por su uso opaco y desregulado. En Buenos Aires, el Sistema de Reconocimiento Facial de Prófugos (SRFP), implementado en 2019 por el Ministerio de Seguridad porteño, fue denunciado por organismos de derechos humanos tras detectar que había realizado más de 10.000 identificaciones erróneas. La base de datos incluía personas no buscadas, niños, y casos sin orden judicial. La IA se transformó en una máquina de señalamiento sin garantía de verdad ni de legalidad.

La promesa de la IA predictiva es atractiva: menos delito, más prevención, decisiones basadas en datos. Pero en la práctica, estos sistemas no anticipan hechos, sino probabilidades basadas en el pasado. Y si el pasado está cargado de prejuicio, racismo institucional, pobreza criminalizada, entonces el algoritmo lo perpetúa.

Los barrios donde hubo más detenciones son los más patrullados por IA. Las personas que fueron más veces señaladas por la policía son las que aparecen como "riesgo alto" en los modelos. El algoritmo no detecta culpables: reproduce perfiles históricamente sospechados. La policía deja de actuar por evidencia, y empieza a actuar por correlación.

Esto produce un ciclo perverso: cuanto más te observa la IA, más probable es que te detecte. Cuanto más te detecta, más probable es que te detenga. Y cuanto más te detiene, más probable es que te etiquete como reincidente. Así, el control algorítmico no reduce la violencia: la racionaliza.

El problema no es sólo técnico, sino epistemológico. ¿Qué idea de seguridad produce esta tecnología? ¿Qué significa "riesgo"? ¿Qué cuerpos, qué zonas, qué conductas quedan bajo sospecha permanente? La IA no responde estas preguntas: las convierte en ecuaciones. Pero la ecuación no ve historia, ni contexto, ni derechos. Sólo ve variables.

La consecuencia es clara: la automatización de la desigualdad. En vez de corregir el sesgo humano, el modelo lo transforma en una función. En vez de desactivar la discriminación, la formaliza. Y lo hace sin que nadie la cuestione, porque su legitimidad no viene de la justicia, sino de los datos.

Frente a esta deriva, algunos países —como Canadá o España— han empezado a restringir el uso de reconocimiento facial en espacios públicos. Pero la mayoría de los Estados siguen expandiendo estas tecnologías con marcos normativos débiles, sin auditorías externas, y con una fe casi religiosa en la objetividad del algoritmo. En contextos con baja transparencia institucional, como en buena parte de América Latina, esto equivale a delegar funciones policiales en sistemas que nadie controla.

La inteligencia artificial no es neutral. Y cuando se la aplica en el campo de la seguridad, su margen de error se vuelve violencia concreta. Porque no hay detención sin cuerpo, ni sospecha sin consecuencias. La IA no dispara, pero habilita a disparar. No encierra, pero autoriza a encerrar.

Y al hacerlo, transforma lo que era una sospecha policial en una certeza maquínica sin derecho a réplica.

Responsabilidad y opacidad en la era automatizada

Cada vez más decisiones que afectan vidas humanas —aprobar o denegar un crédito, indicar un tratamiento médico, asignar una vacante, aprobar un trámite judicial— están siendo automatizadas. No por error, sino por diseño. La inteligencia artificial ha dejado de ser una herramienta de apoyo para convertirse, en muchos ámbitos, en un sistema de decisión en sí mismo. Y con ello, aparece un nuevo dilema: ¿quién es responsable cuando esa decisión es errónea, injusta, o directamente letal?

En octubre de 2021, un hombre británico con cáncer de próstata fue diagnosticado erróneamente por un sistema de IA que había sido incorporado para agilizar el análisis de imágenes. El software clasificó el tumor como benigno. Cuando los médicos revisaron el caso, meses después, era tarde: la metástasis había avanzado. Nadie sabía exactamente en qué se había basado el algoritmo para hacer esa clasificación. No había trazabilidad, ni justificación, ni posibilidad de reconstruir el proceso. Sólo un "output": benigno.

En el mundo financiero, los modelos de scoring crediticio usan IA para determinar si una persona es confiable o riesgosa. Pero esas decisiones se basan en variables opacas: relaciones sociales, patrones de consumo, ubicación geográfica, comportamiento en redes sociales. El usuario nunca sabe qué criterio lo excluyó. Y la entidad que deniega el crédito se escuda en la "evaluación automática". El responsable desaparece. Sólo queda una función sin rostro.

Lo que se rompe en estos procesos no es sólo el derecho a reclamar: es la propia idea de autoridad. La IA se impone como una instancia sin sujeto. No se equivoca, no duda, no argumenta. Dictamina. Y su dictamen se percibe como técnico, inevitable, inapelable. La decisión ya no requiere explicación porque viene del algoritmo, y el algoritmo —en el discurso dominante— no se cuestiona. Se acepta.

Esta opacidad tiene un nombre: black box. Caja negra. Modelos que no permiten ver cómo llegaron a sus resultados. Redes neuronales profundas que funcionan como oráculos: dan respuestas sin mostrar el camino. En muchos casos, ni siquiera los programadores pueden explicar por qué un modelo clasificó a alguien como "riesgo alto" o "no apto". La lógica estadística se vuelve ilegible. Y esa ilegibilidad no es un problema colateral: es parte del diseño.

En 2023, en Países Bajos, un sistema automatizado diseñado para detectar fraudes en prestaciones sociales emitió miles de alertas contra familias migrantes.

La mayoría eran falsas. Pero los beneficios fueron suspendidos, las familias fueron investigadas, y algunas perdieron el acceso a salud o vivienda. ¿Quién decidió eso? ¿Un burócrata? ¿Un juez? No. Un modelo que nadie entendía, pero que todos obedecían.

La IA no necesita tener voluntad para ejercer poder. Su eficacia se basa en que los humanos le delegan autoridad. Y esa delegación no siempre es explícita: a veces ocurre por comodidad, por ignorancia, por presión institucional, o por la promesa de eficiencia. Lo cierto es que cada vez más sistemas automatizados están tomando decisiones con impacto real y, sin embargo, no hay estructura de responsabilidad que los contenga.

Esta crisis tiene una dimensión ética, jurídica y política. Ética, porque los humanos que firman las decisiones no siempre pueden argumentarlas. Jurídica, porque no hay todavía marcos normativos claros sobre la trazabilidad de decisiones algorítmicas. Y política, porque la automatización reemplaza el conflicto por la estadística: en vez de debatir criterios, aplicamos modelos.

La automatización no es neutral. Decide con base en datos históricos, entrenamientos sesgados y objetivos ocultos. Cuando un modelo excluye a alguien de una beca, una operación o un beneficio estatal, no lo hace por crueldad, sino por cálculo. Pero el efecto puede ser el mismo. Y si nadie puede explicar por qué, entonces no hay posibilidad de reclamo.

En ese mundo, la justicia ya no se busca. Se calcula. Y si el cálculo es incorrecto, el error es irreversible.

Por eso es urgente reinstalar una pregunta olvidada en tiempos de IA: ¿quién responde? No como slogan jurídico, sino como principio estructural. No hay decisión legítima sin posibilidad de apelación. No hay política justa sin trazabilidad. Y no hay tecnología ética sin explicabilidad.

La inteligencia artificial no debe decidir sola. Porque no puede asumir las consecuencias. Y porque, cuando nadie responde, el daño siempre lo paga el más débil.

El riesgo del éxito sin comprensión

La fascinación contemporánea con la inteligencia artificial no viene sólo de su capacidad para simular la inteligencia humana, sino —más peligrosamente— de su capacidad para acertar sin pensar. Modelos que diagnostican enfermedades antes que los médicos. Algoritmos que predicen caídas de la bolsa. Sistemas que componen música o escriben ensayos indistinguibles de los humanos. Todo parece confirmar su genialidad. Pero hay un detalle inquietante: nadie —ni siquiera sus creadores— puede explicar del todo cómo lo hacen.

El peligro ya no es el error, sino el acierto inexplicable.

En 2022, investigadores de la Universidad de Duke entrenaron un modelo de IA para diagnosticar enfermedades pulmonares a partir de radiografías. Los resultados fueron tan precisos que incluso superaban a radiólogos experimentados. Pero al analizar el proceso, descubrieron que el algoritmo no miraba las lesiones en sí, sino marcas laterales: etiquetas del hospital, fechas de impresión, artefactos técnicos. En otras palabras, acertaba por las razones equivocadas. El modelo había aprendido a correlacionar ciertos hospitales con ciertos diagnósticos, no a leer pulmones.

Este tipo de "acierto contaminado" se repite en múltiples campos. En sistemas judiciales que predicen reincidencia, los modelos pueden acertar con base en datos espurios: número de arrestos en un barrio, frecuencia de intervención policial, escolaridad o entorno familiar. En medicina, la IA puede detectar patrones que estadísticamente se correlacionan con una enfermedad, pero que no tienen explicación clínica conocida. El modelo acierta, pero nadie sabe por qué.

Este es uno de los riesgos más sutiles —y menos discutidos— de la inteligencia artificial: la sustitución del criterio por el rendimiento. Si el sistema funciona, se lo adopta. Si predice con precisión, se lo implementa. Pero ¿qué implica construir decisiones políticas, médicas o legales sobre modelos que no podemos interpretar? ¿Qué pasa cuando dejamos de preguntarnos por las razones y empezamos a aceptar resultados como si fueran verdades oraculares?

Aquí aparece el fenómeno de la "autoridad algorítmica". No porque el sistema piense mejor, sino porque resuelve sin explicarse. Y eso se vuelve deseable en entornos donde la incertidumbre es costosa: tribunales atestados, hospitales desbordados, mercados hiperveloces. Cuanto más opaco, más útil. Cuanto más inexplicable, más eficaz. El cálculo reemplaza al juicio.

La industria refuerza esta lógica. Google DeepMind, por ejemplo, ha desarrollado modelos como AlphaFold, que predicen estructuras proteicas con un grado de precisión inédito. El modelo acierta, pero sus razones están enterradas en millones de pesos de matrices numéricas, imposibles de traducir a lenguaje humano. Se celebra el descubrimiento, pero no se comprende. La biología, en este caso, progresa sin teoría.

Lo mismo ocurre en el campo del lenguaje. Modelos como GPT-4 producen textos articulados, gramaticales, razonablemente coherentes. Pero no entienden lo que dicen. No saben qué es verdad o mentira. Sólo calculan probabilidades de ocurrencia. Aciertan por estadística, no por conocimiento. No hay comprensión, sólo emulación.

La paradoja es esta: cuanto más confiamos en la IA, menos entendemos el mundo que estamos construyendo con ella. Nos desplazamos hacia una cultura de la validación por rendimiento: si funciona, se usa. Pero ese "funcionar" está cada vez más desligado de criterios epistemológicos, éticos o interpretativos. La IA acierta, pero el saber retrocede.

Esto no es un problema abstracto. En 2023, un sistema de evaluación de estudiantes en el Reino Unido asignó calificaciones mediante IA. Muchos alumnos fueron perjudicados. Nadie pudo explicar por qué. Los docentes no podían corregir la nota. El modelo no justificaba. La decisión era inapelable. El acierto de unos se volvió la injusticia de otros.

Frente a este escenario, la exigencia no puede ser sólo que la IA funcione. Debe poder explicarse. Debe poder discutirse. Debe ser inteligible por quienes van a sufrir o gozar sus efectos. De lo contrario, nos condenamos a una tecnocracia sin criterio, donde el saber ya no es poder, sino ruido.

El conocimiento es más que correlación. Es comprensión, argumentación, contexto, posibilidad de réplica. Y si la IA no puede ofrecer eso, entonces no debe ocupar el lugar del juicio humano. Porque un acierto inexplicable es indistinguible de un error irreparable.

La inteligencia artificial en contextos institucionales frágiles

La inteligencia artificial es, al mismo tiempo, una promesa y una trampa. Una promesa de eficiencia, modernización, progreso. Y una trampa cuando esa promesa se exporta como producto terminado a países sin condiciones para controlarla, adaptarla ni regularla. En ese escenario, la IA no se convierte en herramienta de desarrollo, sino en una tecnología de dependencia. Argentina, como muchos países de la periferia tecnológica, no sólo consume IA: la consume sin garantías.

El discurso dominante sugiere que la IA es una innovación que puede mejorar servicios públicos, agilizar procesos judiciales, optimizar políticas sociales.

Y en parte, eso es cierto. Pero la pregunta estructural no es qué puede hacer la IA, sino en qué condiciones se la implementa. Y en Argentina, esas condiciones están marcadas por la opacidad, la improvisación y el vacío normativo.

En 2021, el Gobierno de la Ciudad de Buenos Aires lanzó un sistema de inteligencia artificial en el ámbito judicial: Prometea, una IA entrenada para redactar documentos, procesar expedientes y sugerir resoluciones. El modelo fue presentado como "revolucionario", "eficiente" y "objetivo". Pero nunca se publicó en detalle su entrenamiento, sus criterios de corrección ni su nivel de intervención real. Los jueces podían firmar decisiones basadas en documentos redactados total o parcialmente por la máquina. El criterio humano quedaba relegado a un gesto formal.

En paralelo, el mismo distrito había instalado el Sistema de Reconocimiento Facial de Prófugos, que, como se vio en el bloque anterior, realizó miles de identificaciones erróneas. A pesar de las advertencias de la Defensoría General y la Agencia de Acceso a la Información Pública, el sistema siguió funcionando. En 2023, la Justicia lo suspendió por falta de garantías legales. La conclusión es clara: se aplicó una tecnología de control sin supervisión, sin auditoría independiente, sin transparencia.

Esto no es casualidad. En Argentina, el desarrollo tecnológico suele adelantarse a su regulación. Se importa software como se importan electrodomésticos: sin manual, sin traducción, sin ajuste al entorno local. Se confunde innovación con automatización. Y se da por hecho que lo que sirve en Silicon Valley servirá también en San Fernando, Salta o Chaco. Pero la IA no es un electrodoméstico: es una estructura de poder simbólico y material. Y cuando se instala en contextos desiguales, reproduce —y a veces multiplica— esas desigualdades.

En el sistema educativo, se han empezado a utilizar herramientas de IA para corregir tareas, asignar recursos o evaluar desempeño. Pero no hay discusión pública, ni debate pedagógico, ni formación docente real sobre los límites éticos de esa implementación. En el sistema de salud, algunos hospitales experimentan con IA para la gestión de turnos, pero sin control sobre sesgos de acceso. En la administración pública, modelos generativos redactan informes, sin que quede claro quién responde por su contenido. El simulacro se convierte en norma.

Lo más grave no es la IA en sí, sino la ausencia de institucionalidad crítica. Argentina no cuenta con una agencia nacional independiente para auditar tecnologías sensibles. No tiene un marco legal específico sobre IA. La Ley de Protección de Datos Personales es de 2000, anterior a la explosión del big data. No existen mecanismos de trazabilidad obligatoria para algoritmos usados en el Estado. La tecnología avanza, pero el Estado no la piensa: la terceriza.

Esta fragilidad se potencia en un contexto de polarización política, crisis económica y precarización institucional. Las herramientas de IA pueden ser usadas para vigilar opositores, manipular percepciones, segmentar discursos sin regulación. Y cuando eso ocurre, el daño no se detecta de inmediato: se acumula, se naturaliza, se convierte en parte del paisaje.

En un país con altos niveles de pobreza, exclusión digital y debilidad judicial, los errores de la IA no se corrigen: se institucionalizan.

Frente a este escenario, no alcanza con hablar de "inclusión digital" o de "brechas tecnológicas". Hace falta una política soberana de inteligencia artificial, que no se limite a importar modelos ni a tercerizar decisiones, sino que piense críticamente qué IA queremos, para qué, y bajo qué condiciones.

Eso implica formar especialistas, crear marcos normativos, transparentar procesos, involucrar a la sociedad civil, garantizar derechos. Implica, sobre todo, dejar de mirar la IA como un fetiche de progreso y empezar a verla como una estructura que hay que disputar.

Porque si no la disputamos, la IA no será una herramienta: será una nueva forma de colonialismo. No uno que impone lenguas o religiones, sino uno que impone modelos de pensamiento, decisiones automáticas, reglas sin rostro. Y en ese simulacro global, Argentina corre el riesgo de desaparecer como sujeto.

El trabajo en jaque: IA, automatización y la crisis del empleo humano

Durante décadas, el trabajo fue mucho más que una actividad productiva. Fue el núcleo desde el cual se organizó la vida moderna: estructura del tiempo, fuente de identidad, lazo con los otros, criterio de inclusión social, y también matriz del deseo. Las revoluciones industriales que marcaron los siglos anteriores, si bien generaron enormes desplazamientos de mano de obra, fueron absorbidas por un paradigma en el que el trabajo seguía siendo el principio ordenador de la existencia. Cambiaban las formas, cambiaban las herramientas, pero se mantenía una promesa tácita: toda transformación técnica vendría acompañada de nuevas funciones humanas que la complementarían o que surgirían en su entorno. Hoy, esa promesa está en crisis. La irrupción de la inteligencia artificial no plantea una mutación más del trabajo humano: plantea, en su núcleo más profundo, la posibilidad de su superación como necesidad estructural. No porque desaparezca del todo, sino porque ya no se lo requiere como pilar del sistema productivo. Esa es la amenaza radical que el discurso dominante tiende a suavizar: que por primera vez en la historia, millones de personas podrían volverse superfluas no por falta de eficiencia o voluntad, sino porque la economía ya no precisa de su esfuerzo.

La inteligencia artificial no reemplaza solamente fuerza de trabajo. Lo que hace es otra cosa: es reemplazar la inteligencia puesta en acto, la capacidad de elegir, jerarquizar, decidir, incluso en campos donde creíamos que la sensibilidad humana era irreemplazable. La automatización que conocíamos hasta ahora se limitaba a tareas repetitivas, mecánicas, predecibles. La IA, en cambio, penetra territorios simbólicos, abstractos, creativos. Redacta textos, edita imágenes, responde mails, asesora legalmente, ofrece diagnósticos médicos. Cada una de esas funciones estaba históricamente asociada a la intervención profesional. Hoy puede ser ejecutada, en segundos, por un sistema que no tiene cuerpo, ni experiencia, ni subjetividad. Y eso cambia todo. No estamos frente a una mejora en la productividad. Estamos ante un proceso de sustitución. En términos empresariales, lo que se valora no es ya el aporte singular de un trabajador, sino la posibilidad de prescindir de él. Lo que hasta ayer se llamaba talento, hoy es considerado un costo evitable.

Esta lógica atraviesa todos los niveles del mundo laboral. Desde empleados administrativos hasta diseñadores, desde analistas financieros hasta traductores, desde programadores hasta redactores técnicos, la lista de funciones automatizables crece cada semana. Y con ella, crece también el silencioso desmantelamiento de sectores enteros. Ya no hay que despedir a nadie: basta con no volver a contratar. Ya no hay que reorganizar departamentos: basta con integrar una API. En muchos casos, la transición ocurre sin conflicto visible, sin trauma sindical, sin huelga ni protesta, porque ni siquiera parece una decisión política. Es el software quien decide. El modelo sugiere. El sistema lo implementa. Y lo más inquietante es que ese modelo no tiene rostro, ni argumentos, ni posibilidad de ser interpelado. Sólo opera. Y lo hace con eficiencia matemática. ¿Cómo resistirse a una eficiencia que parece objetivamente superior? ¿Cómo defender un puesto de trabajo frente a un sistema que ofrece lo mismo —o incluso más— a menor costo y con mayor velocidad?

Y sin embargo, esa eficiencia tiene un precio. Un precio que no se mide en dólares ni en resultados, sino en descomposición social, en angustia subjetiva, en pérdida de sentido. Porque cuando el trabajo deja de ser necesario, lo que tambalea no es sólo la economía, sino la arquitectura misma del lazo social. El desempleado estructural —ese que no consigue trabajo no porque no lo busque, sino porque ya no hay lugar para él— encarna la figura más desestabilizadora de nuestro tiempo. No es el marginal clásico, ni el explotado de la era industrial. Es alguien formado, capacitado, incluso talentoso, que ya no encuentra una función porque todo lo que sabe hacer lo hace ahora una máquina. Ese trabajador desplazado no sólo pierde ingresos: pierde su anclaje simbólico, su autoestima, su pertenencia. Y lo peor es que no puede reclamarle a nadie. No hay patrón, ni jefe, ni Estado que haya decidido dejarlo afuera. Fue el algoritmo. Y el algoritmo, por definición, no escucha. Sólo calcula.

El modo en que se experimenta esta transformación no es uniforme. La amenaza de la pérdida del trabajo humano por la inteligencia artificial no opera igual en todos los sectores ni en todas las regiones. Existen todavía zonas de resistencia, espacios donde la intervención humana sigue siendo necesaria, irreemplazable o incluso preferible. Allí donde el cuidado, la empatía, la improvisación o la corporalidad directa son insustituibles —enfermería, educación primaria, acompañamiento terapéutico, construcción, mantenimiento técnico presencial—, la IA todavía no desplaza sino que asiste. Pero incluso en esos terrenos, la lógica del reemplazo ya ha comenzado. La inteligencia artificial se presenta primero como una ayuda, como un suplemento inofensivo, como una herramienta que libera tiempo y mejora procesos. Esa entrada progresiva, sin conflicto, es precisamente lo que la hace tan eficaz. Porque una vez integrada al flujo de trabajo, se convierte en imprescindible. Y al cabo de un tiempo, se descubre que la herramienta puede, en realidad, hacer más que asistir. Puede reemplazar.

El cambio ocurre sin estridencia. No hay anuncio, ni protocolo, ni corte abrupto. Simplemente, un día, una tarea que antes hacía una persona empieza a hacerla un sistema. Al principio se revisa. Luego, se acepta. Más tarde, se olvida cómo era cuando se hacía manualmente. Lo que queda es un nuevo estándar de funcionamiento. Y en ese proceso, cada trabajador corre el riesgo de volverse redundante, incluso en los ámbitos donde parecía seguro. Lo que ayer fue insustituible, hoy es un diferencial prescindible. Esta lógica no sólo afecta a los sectores operativos o intermedios. También impacta a profesionales calificados, a creativos, a técnicos especializados. Ser competente ya no es suficiente. Ser original, tampoco. Porque la IA no necesita ser genial. Le basta con ser aceptablemente buena, suficientemente rápida, infinitamente disponible. Es decir, más competitiva que cualquier humano.

Pero la cuestión más compleja no es técnica, sino simbólica. Cuando una persona pierde su trabajo por la irrupción de una tecnología, el mensaje implícito que recibe no es solamente "ya no te necesitamos", sino algo más profundo: "ya no sos necesario". Esa diferencia semántica es brutal. Porque no sólo afecta su presente laboral, sino su horizonte vital. La sensación de no ser necesario activa una cadena de consecuencias emocionales que exceden lo económico. Aparece la desvalorización, la culpa, la vergüenza, el miedo al futuro, la pérdida del deseo. Muchos trabajadores desplazados experimentan una especie de duelo invisible: han perdido su lugar en el mundo, pero no tienen derecho a reclamarlo, porque el proceso que los reemplazó no tiene rostro ni intención. Fue simplemente "lo que se tenía que hacer".

En este nuevo escenario, la inteligencia artificial no se impone por la fuerza, sino por la evidencia. Su autoridad no proviene del poder, sino del resultado. Y eso la vuelve casi incontestable. ¿Quién puede discutir con un sistema que ofrece más eficiencia, menos errores, menos costos? El trabajador ya no pelea por su salario, ni por sus condiciones laborales: pelea por su sentido. Por la posibilidad de seguir ocupando un lugar que lo conecte con los otros, con su historia, con su deseo. Y muchas veces, esa pelea no tiene escenario. Porque el problema ya no es el patrón: es la lógica algorítmica que redefine qué tareas existen y quién puede ejecutarlas.

La automatización masiva que permite la IA no genera un ejército de ociosos felices, sino un océano de incertidumbre. Porque la mayor parte de los desplazados no puede simplemente "reconvertirse". No porque le falte voluntad, sino porque la reconversión no siempre es posible. No todos pueden ser ingenieros de prompts, ni desarrolladores de IA, ni auditores de modelos. Y aunque lo fueran, no hay millones de empleos esperando por ellos. El mito de que cada revolución técnica genera nuevos empleos que reemplazan a los anteriores ya no se sostiene en la práctica. Lo que está ocurriendo no es una rotación de funciones, sino una concentración del trabajo calificado en una élite hiperformada. La brecha se ensancha. Y la mayor parte de la población queda atrapada en un presente sin lugar.

Uno de los discursos más repetidos en defensa del avance tecnológico sostiene que el desarrollo de la inteligencia artificial no debe preocuparnos, porque en todas las etapas históricas donde la técnica desplazó empleos, surgieron nuevos que no existían antes. El argumento es simple: cuando desapareció el oficio de amanuense, apareció el del impresor; cuando las máquinas agrícolas reemplazaron peones, surgieron nuevos oficios industriales; cuando la computación automatizó cálculos contables, emergió la informática. Pero lo que esta narrativa no contempla es que esa dinámica no es eterna, ni automáticamente equilibrada. Sobre todo, no ocurre al mismo ritmo que la transformación técnica. Hoy, el reemplazo es exponencial, y la creación de nuevas tareas es puntual, especializada y profundamente excluyente.

Los llamados "nuevos empleos" vinculados a la inteligencia artificial son, en su mayoría, puestos que requieren un alto nivel de formación técnica, acceso a tecnologías, dominio de lenguajes de programación, inglés técnico, y una enorme capacidad de adaptación a entornos cambiantes. No se trata sólo de aprender a usar nuevas herramientas: se trata de insertarse en ecosistemas de innovación que están cada vez más concentrados. Empresas como Google, OpenAI, Meta, Amazon, Microsoft, Apple, Nvidia y un puñado de startups del Silicon Valley dominan el desarrollo de estas tecnologías y, por lo tanto, también el mercado laboral que gira en torno a ellas. En estos entornos, los puestos de trabajo son pocos, altamente competitivos y centrados en perfiles muy específicos. Pensar que el operario de una fábrica desplazado por una IA puede reconvertirse sin mediaciones en diseñador de prompts es tan ingenuo como cruel.

Peor aún, muchos de los trabajos que efectivamente ha creado la inteligencia artificial no son lo que se suele imaginar. No son glamorosos, ni bien pagos, ni estables. Son tareas repetitivas, invisibles, explotadas en condiciones laborales degradadas. La gran mayoría de los sistemas de IA que hoy se presentan como "autónomos" en realidad requieren una enorme base de trabajo humano para funcionar: etiquetado de datos, moderación de contenido, entrenamiento de modelos, limpieza de información. Esta masa de microtareas es realizada por personas en países del sur global que ganan centavos por cada click, y que trabajan largas horas frente a pantallas para que los modelos puedan "aprender" a distinguir imágenes, interpretar texto o filtrar contenido ofensivo.

Ese trabajo —fundamental para la IA— no aparece en las presentaciones de marketing, ni en los informes técnicos, ni en las conferencias internacionales. Es una mano de obra precarizada que sostiene la inteligencia artificial sin recibir reconocimiento ni visibilidad. La modernidad digital no elimina el trabajo explotado: lo disimula. La inteligencia artificial, lejos de democratizar el acceso a empleos calificados, ha profundizado la desigualdad entre quienes diseñan los modelos y quienes los alimentan. Mientras algunos programan desde sus oficinas en San Francisco o Berlín, otros etiquetan desde Filipinas, Venezuela, India, Colombia o Nigeria, bajo plataformas que tercerizan el trabajo sin vínculos contractuales estables.

Esta realidad pone en jaque la idea misma de progreso. Porque si el avance tecnológico sólo mejora las condiciones de una élite, y deja atrás a la mayor parte de la población, entonces no estamos ante un proceso evolutivo, sino ante una forma nueva de exclusión estructural. Lo que la IA amenaza no es sólo la continuidad del trabajo humano, sino la posibilidad misma de que ese trabajo tenga un lugar dentro de una sociedad equitativa. El problema no es que haya menos empleos, sino que los pocos que quedan están fuera del alcance de la mayoría. Y que los trabajos de transición —los mal pagos, repetitivos, fragmentados— no ofrecen un camino de ascenso, sino una forma nueva de estancamiento.

En este panorama, la reconversión se vuelve un eslogan vacío. No hay transición posible si no se acompaña de decisiones estructurales: acceso universal a la formación técnica, redistribución real del ingreso generado por la automatización, redefinición de los criterios que rigen el valor del trabajo. Porque mientras una parte del mundo gana millones automatizando tareas humanas, otra parte se hunde en la angustia de no saber si alguna vez volverá a trabajar. Esa brecha no es sólo económica: es simbólica, ética y política. Y si no se interviene desde una mirada integral, no habrá cantidad de nuevos empleos que compense la destrucción subjetiva que la IA puede producir.

Frente al horizonte de desplazamiento estructural que impone la inteligencia artificial, comienzan a multiplicarse propuestas de reforma radical del contrato social. La más conocida y debatida es la renta básica universal: un ingreso garantizado para todos los ciudadanos, más allá de su situación laboral, que permita desvincular la subsistencia del empleo. Esta idea, que parecía una utopía marginal hace apenas una década, hoy es discutida por gobiernos, economistas, universidades y hasta por algunos empresarios del sector tecnológico. Elon Musk, Sam Altman, Andrew Yang y otros referentes del mundo de la IA han afirmado públicamente que, si la inteligencia artificial reemplaza masivamente el trabajo humano, será necesario establecer un ingreso garantizado para evitar el colapso social.

La renta básica universal no es una solución mágica, pero sí una señal clara de que algo estructural debe cambiar. Porque si la productividad se dispara gracias a la automatización, y si las ganancias se concentran en pocas empresas tecnológicas, entonces resulta urgente redistribuir esa riqueza para que la sociedad en su conjunto no se fracture. De lo contrario, nos encaminamos hacia un escenario distópico: una élite hiperproductiva, hiperconectada, hipercapitalizada; y una masa de excluidos sin empleo, sin ingresos, sin agencia. El conflicto no será entre trabajadores y patrones, sino entre humanos necesarios y humanos prescindibles. Y esa frontera no es natural, ni ética, ni deseable. Es política. Se decide.

Otra vía de transformación posible es la reducción de la jornada laboral. Si las máquinas permiten producir lo mismo (o más) en menos tiempo, entonces la lógica no debería ser despedir trabajadores, sino repartir el tiempo entre todos. Jornadas de seis horas, semanas laborales de cuatro días, rotación de tareas, cooperativización de los excedentes: hay múltiples modelos posibles que buscan que la automatización no expulse, sino libere. Que en lugar de generar desempleo, genere tiempo. Tiempo para cuidar, para crear, para aprender, para vincularse, para vivir.

Sin embargo, estas propuestas chocan con una cultura que ha hecho del trabajo no sólo un medio de supervivencia, sino un valor moral. En muchas sociedades, el empleo es sinónimo de virtud. No trabajar es vergonzante. Recibir un ingreso sin trabajar se asocia con vagancia, dependencia, inutilidad. Romper con esa moral laboral es uno de los desafíos más profundos que impone la inteligencia artificial. Porque si el trabajo deja de ser necesario, ¿cómo redefinimos el valor de una vida? ¿Cómo construimos identidad, comunidad, autoestima, sin el respaldo de una tarea que nos legitime? La pregunta por la renta o la jornada es también la pregunta por el sentido. ¿Qué haremos con el tiempo que nos libera la tecnología? ¿Lo usaremos para crear nuevas formas de alienación —más consumo, más pantallas, más entretenimiento pasivo— o para reinventar el modo en que habitamos el mundo?

La respuesta no está escrita. La IA no impone un destino: abre posibilidades. Puede ser la palanca de una nueva época de emancipación humana o el motor de una sociedad más desigual, más jerárquica, más automatizada en todos los planos. El problema no es la tecnología en sí, sino el modelo económico y cultural que define quién se beneficia y quién queda afuera. Si la automatización se orienta al lucro privado, entonces la IA será el instrumento de una nueva oligarquía algorítmica. Pero si se orienta al bien común, puede convertirse en una herramienta de democratización profunda.

Esta tensión define el momento histórico que atravesamos. No estamos simplemente ante un cambio técnico, sino ante una disyuntiva civilizatoria. La inteligencia artificial pone en crisis los fundamentos sobre los que organizamos nuestra vida colectiva: el valor del trabajo, la distribución del ingreso, el rol del Estado, el lugar de la educación, la noción de mérito, el sentido del tiempo. Cada decisión que tomemos en relación con la IA —regulatoria, fiscal, educativa, simbólica— tendrá efectos duraderos sobre el tipo de sociedad que construiremos. Y en ese sentido, hablar del riesgo que implica la pérdida del trabajo humano no es pesimismo, sino lucidez. Negarlo no lo hace desaparecer: sólo lo vuelve más peligroso.

La inteligencia artificial nos obliga a enfrentar una pregunta que la modernidad esquivó durante siglos: ¿qué ocurre con una sociedad cuya economía ya no necesita a la mayoría de sus integrantes para funcionar? Durante la era industrial, incluso en sus momentos más salvajes, había una certeza implícita: el sistema requería cuerpos humanos. Para producir, para transportar, para vender, para ordenar. El cuerpo del obrero, del empleado, del funcionario, era insustituible. Esa necesidad otorgaba un lugar, aunque fuera explotado. El trabajador podía ser oprimido, precarizado, disciplinado; pero era imprescindible. Esa era su fuerza y su tragedia. Hoy, la IA disuelve esa ecuación. Ya no necesita el cuerpo. Ni siquiera necesita la conciencia. Le alcanza con datos, con patrones, con correlaciones. Y eso inaugura una nueva figura social: el sujeto innecesario.

Este sujeto no es un excluido en el sentido tradicional. No vive en los márgenes del sistema: vive dentro de él, pero desconectado de su engranaje productivo. Puede tener educación, habilidades, deseo de aportar. Pero no encuentra un lugar donde hacerlo, porque el sistema ya no se lo demanda. Esta figura —la del inútil estructural, el excluido sin falta propia— es tal vez la más corrosiva que la IA ha comenzado a generar. Porque no se puede reeducar, ni castigar, ni reinsertar con fórmulas clásicas. No hay demanda para él. No hay necesidad. Y cuando no hay necesidad, la sociedad no sabe qué hacer con ese cuerpo, con esa mente, con ese deseo.

El efecto cultural de esta mutación es devastador. Porque pone en crisis los grandes relatos de la meritocracia, del esfuerzo, del progreso personal. Si el trabajo ya no es garantía de inclusión, si la formación no asegura ningún futuro, si el talento puede ser replicado por una máquina, ¿qué sentido tiene esforzarse? ¿Cómo se construye identidad en un mundo donde el sistema ya no te necesita para existir? Estas preguntas no son filosóficas en abstracto: son preguntas íntimas, cotidianas, desesperadas. Las hacen millones de personas que hoy sienten que su vida se ha vuelto lateral. Que el sistema sigue funcionando, pero sin ellas. Que su tiempo se volvió un tiempo muerto.

Esa percepción produce síntomas: ansiedad crónica, fatiga existencial, depresión sin objeto, adicciones, radicalización política, violencia sin causa. Porque cuando se rompe el lazo entre esfuerzo y reconocimiento, entre acción y consecuencia, entre presencia y pertenencia, lo que aparece es el vacío. Un vacío que no se llena con entretenimiento, con consumo ni con promesas de reconversión. Un vacío que sólo puede abordarse si se recupera una idea más amplia de valor humano. Una idea que no se reduzca al rendimiento, a la utilidad, a la eficiencia. Que reconozca que la vida tiene un valor más allá de su capacidad de producir.

Esa redefinición no puede ser sólo discursiva. Debe estar encarnada en políticas, instituciones, vínculos, prácticas culturales. Porque si no se institucionaliza, queda como consuelo. Y el consuelo no alcanza cuando se pierde el lugar. Por eso, la gran pregunta que deja abierta este capítulo no es qué trabajos desaparecerán con la IA, ni siquiera qué trabajos surgirán. La verdadera pregunta es: ¿podremos construir un mundo donde vivir valga la pena incluso cuando no haya trabajo para todos? ¿Seremos capaces de imaginar una sociedad que no se organice alrededor de la productividad, sino del cuidado, de la creatividad, de la comunidad? ¿O dejaremos que el avance tecnológico consagre un modelo donde lo humano sea apenas un residuo, una contingencia prescindible?

Nada de esto está escrito. La inteligencia artificial no es destino. Es herramienta. Y como toda herramienta, puede ser usada para emancipar o para excluir. Lo que definirá ese uso no es su código, sino nuestras decisiones. Decisiones que deben ser colectivas, conscientes y urgentes. Porque el riesgo no es que la IA funcione. El riesgo es que funcione demasiado bien, y que nos convenzamos de que, frente a su eficiencia, lo humano ya no importa. Ese sería el mayor de los fraudes: no el que comete la máquina, sino el que cometemos nosotros al renunciar a pensarnos como indispensables.

En marzo de 2023, un periodista deportivo argentino fue despedido de una reconocida radio FM del interior del país. La empresa había comenzado a utilizar un sistema de inteligencia artificial para producir resúmenes deportivos con voces sintéticas entrenadas para emular el tono típico de un relator. El sistema generaba informes automatizados después de cada partido, con estadísticas, comentarios preconfigurados y audios que podían editarse en minutos. El periodista, con veinte años de trayectoria, fue notificado de que su contrato no sería renovado. No por un error, ni por bajo rendimiento. Simplemente, porque una herramienta podía hacer lo mismo, en menos tiempo, sin interrupciones, sin descanso. No fue el único. En cuestión de semanas, otros trabajadores de medios de menor escala —sobre todo en emisoras locales o canales online— comenzaron a ser desplazados por sistemas de síntesis vocal, generación automática de texto y edición audiovisual basada en IA. En casi todos los casos, la respuesta empresarial fue idéntica: "esto no es personal, es una reestructuración". Pero detrás del eufemismo, lo que había era un algoritmo que había aprendido a narrar, a opinar, a informar.

Un fenómeno similar ocurrió en México, cuando una agencia de contenidos digitales que prestaba servicios a varios portales de noticias comenzó a reemplazar a sus redactores junior por herramientas como ChatGPT y Jasper. Las notas eran simples: ranking de destinos turísticos, descripciones de productos, artículos SEO sobre salud o consumo. Pero representaban la base del ingreso de decenas de jóvenes periodistas freelance. En cuestión de semanas, los pedidos de notas comenzaron a disminuir. Luego desaparecieron. Finalmente, la empresa ofreció a algunos de ellos un rol de "curador" de contenido automatizado: revisar lo que la IA escribía y corregir errores. El nuevo trabajo pagaba menos de la mitad y exigía más velocidad. Muchos renunciaron. Otros aceptaron, con la sensación de estar validando el sistema que los había dejado afuera.

Un caso aún más perturbador sucedió en Colombia, donde una empresa de telecomunicaciones tercerizó su atención al cliente en una plataforma de IA que gestionaba consultas, reclamos y contrataciones vía WhatsApp. El cambio fue presentado como una mejora del servicio: respuestas inmediatas, sin tiempos de espera, sin errores humanos. Lo que no se dijo es que implicó la eliminación de más de 800 puestos de trabajo que estaban distribuidos entre Bogotá, Medellín y otras ciudades del interior. Los empleados recibieron indemnizaciones mínimas y una carta de recomendación genérica. Algunos fueron reubicados en áreas técnicas, pero la mayoría quedó fuera. En entrevistas posteriores, muchos relataban no tanto el dolor de perder el empleo, sino la sensación de haber sido sustituidos sin explicación. "Era como si ya no hiciera falta que alguien escuche", decía una exoperadora.

En el mundo de los bancos, el reemplazo es más silencioso, pero igual de profundo. En Buenos Aires, uno de los principales bancos privados nacionales comenzó en 2022 un proceso de integración progresiva de IA generativa para la redacción automática de respuestas a reclamos, correos institucionales y reportes de seguimiento. Lo presentó como una "transformación digital con foco en la eficiencia". En la práctica, significó el reemplazo de buena parte del personal de back-office que gestionaba ese tipo de tareas. Muchos trabajadores administrativos, acostumbrados a tareas rutinarias pero estables, fueron reubicados en áreas comerciales —con objetivos más agresivos— o invitados a acogerse a "retiros voluntarios". Algunos lo aceptaron. Otros resistieron. Pero el resultado fue el mismo: el trabajo que hacían ya no era necesario. Y lo que lo reemplazaba no era otro humano más eficiente, sino un sistema entrenado con los informes que ellos mismos habían producido durante años.

En el ámbito educativo también comenzaron a darse reemplazos o desplazamientos más sutiles pero no menos significativos. En Brasil, durante 2023, el gobierno del estado de São Paulo anunció la implementación de una plataforma de inteligencia artificial para asistir a docentes en la corrección de trabajos escritos y evaluaciones. Lo que se presentó como una herramienta de apoyo para "descomprimir la carga administrativa del profesorado" fue rápidamente utilizado por varias escuelas privadas como argumento para reducir horas de contrato a docentes de lengua portuguesa, historia y ciencias sociales. Algunas instituciones incluso comenzaron a reemplazar parcialmente a los profesores en cursos extracurriculares de modalidad virtual, delegando la enseñanza a bots conversacionales que replicaban contenidos y respondían preguntas frecuentes con un margen de eficacia aceptable para los estándares de la enseñanza a distancia. Para muchos educadores, la pérdida no fue inmediata ni total, pero sí progresiva. Ya no se trataba de enseñar, sino de supervisar que una máquina enseñara. Y en ese nuevo rol, su presencia humana se volvía prescindible, o al menos, fácilmente sustituible por personal con menor formación.

Un fenómeno similar está ocurriendo en universidades de todo el mundo, incluida la Argentina. En algunas carreras técnicas, los sistemas de IA comenzaron a usarse para la elaboración automática de correcciones en parciales de opción múltiple, generación de exámenes personalizados y hasta simulación de tutorías virtuales. En universidades privadas con alta matrícula, esto se tradujo en una fuerte reducción del tiempo que los docentes dedicaban a cada estudiante. Pero también permitió ajustar la relación entre cátedra y alumnos para maximizar ingresos: menos docentes, más estudiantes, más automatización. El resultado es una docencia más precaria, fragmentada, distante, en la que la IA no desplaza directamente a los profesores, pero sí los encierra en una tarea cada vez más tecnificada, estandarizada, ajena a la singularidad de la relación pedagógica. Muchos docentes jóvenes, con títulos de posgrado y compromiso vocacional, se encontraron atrapados entre la necesidad de seguir trabajando y la certeza de que lo que hacían ya no era del todo considerado necesario.

En el mundo editorial, la irrupción de la inteligencia artificial generativa produjo un terremoto que aún no se ha terminado de dimensionar. En Buenos Aires, varias agencias de contenido que solían contratar correctores, editores y redactores comenzaron a experimentar con IA para producir textos desde cero. Blogs corporativos, publicaciones institucionales, ebooks promocionales, discursos empresariales: todo comenzó a generarse mediante herramientas como ChatGPT, Writer o GrammarlyGO. El trabajo humano pasó de ser creativo a correctivo. Se leía, se ajustaba, se pulía. Y luego, también eso fue sustituido: se entrenaron modelos más específicos, con guías de estilo propias, capaces de imitar los tonos requeridos por cada cliente. La corrección también fue absorbida por sistemas entrenados para detectar errores contextuales. Muchos editores freelance perdieron a sus principales clientes sin explicaciones. Algunos intentaron reinsertarse como "curadores de contenido automatizado", pero el ingreso era menor, el control mayor, y la satisfacción casi nula. La sensación general era que la máquina no sólo escribía: también había aprendido a editar.

El caso más llamativo ocurrió en una productora audiovisual de Córdoba que durante años trabajó con doblajistas y locutores para piezas institucionales, publicitarias y educativas. En 2023, tras una actualización de su sistema de edición, la empresa comenzó a utilizar voces clonadas de sus propios locutores. Les pidieron grabaciones de referencia "para entrenar modelos que los ayuden a optimizar su tiempo". En los meses siguientes, los encargos bajaron a la mitad. Luego desaparecieron. La voz de esos trabajadores seguía sonando en los videos. Pero ellos ya no eran necesarios. No podían reclamar por derechos, porque habían firmado un contrato de cesión. No podían reconvertirse, porque el modelo ya tenía su tono. No podían denunciar, porque todo se había hecho "de común acuerdo". Lo único que quedaba era una voz sintética con su timbre, su cadencia, su forma de hablar, generada por un sistema que ya no requería su presencia.

En el sector jurídico también se multiplican los indicios de reemplazo silencioso. En Estados Unidos y España ya hay despachos legales que utilizan modelos de lenguaje para redactar borradores de contratos, escritos judiciales y correos a clientes. Pero en América Latina la tendencia empieza a tomar forma de modo más lateral. En Argentina, durante 2023, al menos dos estudios jurídicos de tamaño medio comenzaron a utilizar IA para tareas de preanálisis documental. El sistema escaneaba contratos, detectaba cláusulas clave, alertaba sobre inconsistencias y sugería redacciones alternativas. Lo que antes hacía un grupo de pasantes o jóvenes abogados, ahora era procesado en segundos. En un principio, los jóvenes continuaban revisando los informes. Luego, eso también se automatizó. La capacitación interna se volvió innecesaria. Los jóvenes abogados dejaron de ingresar. Y los que estaban, pasaron a ocupar un rol ambiguo, sin responsabilidad real ni crecimiento profesional posible. El "aprendizaje" en estudio jurídico, ese tránsito formativo entre la facultad y la práctica profesional, empezó a desaparecer.

Este mismo fenómeno se replica en el sector contable. En empresas medianas y grandes, los sistemas ERP (Enterprise Resource Planning) sumaron durante los últimos años módulos de IA que permiten completar balances, detectar errores contables, simular escenarios fiscales, predecir riesgos financieros. En una importante empresa agroexportadora de Santa Fe, el equipo contable pasó de tener diez personas a cinco en menos de un año. Las tareas básicas —conciliaciones bancarias, controles cruzados, carga de comprobantes— ya no necesitaban intervención humana. El software detectaba inconsistencias automáticamente y proponía soluciones. La dirección justificó la reducción como una "migración hacia perfiles más analíticos". Pero en la práctica, significó el despido de empleados con años de experiencia. Algunos fueron reemplazados por licenciados en sistemas. Otros, por nada.

Un caso especialmente sintomático se dio en una cadena de supermercados en Buenos Aires, que durante 2022-2023 incorporó un sistema de inteligencia artificial para controlar inventario, prever demanda y decidir automáticamente el reabastecimiento de productos. La tecnología, desarrollada por una startup local financiada por capital estadounidense, logró reducir en un 40% la necesidad de personal en logística y planificación. Lo que antes hacía un equipo de seis personas analizando Excel y enviando pedidos, pasó a resolverse en tiempo real mediante un sistema predictivo que cruzaba históricos de ventas, meteorología, promociones, calendario escolar y feriados. El resultado fue una reducción de personal que la empresa presentó como "reorganización eficiente del recurso humano". Lo que no dijeron fue que la reorganización implicaba que algunas personas, simplemente, ya no eran necesarias.

También en los medios de comunicación visual se observan estos procesos. En 2023, un reconocido medio gráfico argentino digitalizó completamente su sección de infografías. En vez de diseñadores, comenzaron a usar herramientas como Canva con plugins de IA, o directamente programas que convertían texto en visualizaciones automáticas: mapas, cronologías, gráficos comparativos. El equipo de diseño pasó de ser creativo a técnico. Luego, de técnico a prescindible. Quedó un coordinador. Los demás fueron reasignados o desvinculados. El contenido visual seguía saliendo con la misma frecuencia, pero ya nadie sabía quién lo hacía. O más bien, se sabía: lo hacía una máquina, a partir de un texto generado por otra máquina, con un input inicial de un editor que simplemente tipeaba cinco líneas.

En el campo de la medicina, las transformaciones son todavía más inquietantes, porque combinan tecnología de punta con decisiones que, hasta hace poco, requerían la intervención de un profesional con experiencia clínica. En hospitales de Chile y Argentina, especialmente en centros privados de alta complejidad, comenzaron a utilizar sistemas de IA para el diagnóstico preliminar por imagen. Radiografías, tomografías y resonancias son ahora leídas por algoritmos entrenados para detectar anomalías con precisión estadística. En un hospital privado de zona norte del Gran Buenos Aires, se implementó en 2023 un sistema que sugiere informes automáticos de radiología. El médico no redacta desde cero: corrige, ajusta, firma. Algunos aceptaron esta transformación como una ayuda; otros la vivieron como el principio del fin. Porque con cada iteración, el sistema aprende más. Y cada vez requiere menos revisión humana. Hoy los informes salen en minutos. El médico lee. A veces ni siquiera edita. Sólo valida.

Este tipo de automatización también afecta a sectores administrativos del ámbito sanitario. En obras sociales y prepagas, muchos de los procesos de autorización de prácticas, control de recetas, carga de historias clínicas y auditoría interna ya no son hechos por personas. Un software automatiza reglas, detecta patrones, bloquea desvíos, valida cobertura. En una de las principales prepagas argentinas, se eliminaron más de 200 puestos entre 2022 y 2023 gracias a la implementación de un sistema de IA entrenado con los propios datos de los pacientes. Lo más inquietante es que el sistema funciona. Detecta fraudes, mejora eficiencia, reduce costos. Pero en el camino, se evaporó toda una capa laboral que no era inútil, sino sencillamente más cara y más lenta.

En el mundo artístico, el impacto de la inteligencia artificial generativa fue inmediato y brutal. En noviembre de 2022, cuando se popularizó Midjourney, muchos ilustradores argentinos comenzaron a perder encargos en plataformas como Fiverr, Workana o redes informales. Clientes que antes pedían portadas de libros, afiches teatrales, retratos personalizados, pasaron a generar imágenes automáticas con prompts. La calidad no siempre era perfecta, pero alcanzaba. Y el precio era incomparable. Algunos artistas intentaron adaptarse: ofrecieron "mejorar" imágenes generadas por IA, o capacitarse como prompters. Pero el flujo de trabajo cambió. Lo que antes requería días de bocetos y revisiones, ahora era reemplazado por una imagen lista en cinco minutos. No se discutía más el trazo, la paleta, el estilo. Sólo se afinaba la consigna textual.

En paralelo, actores y actrices comenzaron a enfrentar un nuevo tipo de competencia: la clonación de voz y rostro. En México y Argentina, varias empresas de publicidad digital empezaron a usar avatares generados por IA para spots institucionales o contenido web. Con una sola grabación original, se puede ahora generar horas de video con distintas voces, idiomas y gestualidades. Una locutora argentina que durante años vivió de publicidades institucionales y videos educativos descubrió que una empresa seguía usando su voz, entrenada en un sistema, para nuevas piezas que nunca grabó. No había contrato, ni cláusula de uso, ni forma clara de reclamar. Su timbre estaba en el sistema. Ya no le pertenecía.

Estos casos no son aislados. Son signos de época. Son el modo en que la inteligencia artificial, sin proclamas grandilocuentes ni decisiones explícitas, va desplazando funciones humanas. No con violencia, sino con rendimiento. No con culpa, sino con lógica. Lo que desaparece no son sólo los empleos. Es también la idea de que el trabajo humano tiene un valor intrínseco, inimitable. La máquina no mata el trabajo: lo desactiva. Y en ese desplazamiento sin dramatismo se juega una de las transformaciones más radicales de nuestra historia reciente.

Regulaciones de la Inteligencia Artificial: Un panorama global y su impacto en Argentina

La Inteligencia Artificial (IA) ha emergido como una fuerza transformadora en diversos sectores, desde la economía hasta la educación y la seguridad. Este avance tecnológico ha impulsado a múltiples naciones a establecer marcos regulatorios que aseguren un desarrollo ético y seguro de la IA. En este capítulo, se examinan las iniciativas regulatorias más recientes a nivel global, con un enfoque particular en la Unión Europea, América Latina y, específicamente, Argentina.

La Unión Europea y su pionera Ley de Inteligencia Artificial

En agosto de 2024, la Unión Europea (UE) implementó la Ley de Inteligencia Artificial, convirtiéndose en la primera regulación integral sobre IA a nivel mundial. Esta legislación clasifica las aplicaciones de IA en categorías de riesgo y prohíbe aquellas que representan un "riesgo inaceptable", como los sistemas de puntuación social gestionados por gobiernos. Además, establece estrictas directrices para aplicaciones de "alto riesgo", incluyendo requisitos de transparencia y supervisión humana. El objetivo principal es equilibrar la innovación tecnológica con la protección de los derechos fundamentales de los ciudadanos europeos.

No obstante, la implementación de esta ley ha suscitado debates. Mientras algunos sectores valoran la creación de un marco claro que fomente la confianza en la IA, otros expresan preocupación por posibles obstáculos a la innovación, especialmente para pequeñas y medianas empresas que podrían enfrentar desafíos para cumplir con los requisitos establecidos.

Avances en América Latina: El caso de Colombia

En febrero de 2025, Colombia adoptó una política pública dedicada a la IA, destinando un presupuesto de 480.000 millones de pesos (aproximadamente 120 millones de dólares) para promover la investigación y el uso ético de esta tecnología hasta 2030. El plan incluye el desarrollo de infraestructuras, incentivos a la innovación y la integración de la IA en entidades públicas. Sin embargo, expertos destacan la necesidad de establecer regulaciones claras y mecanismos de protección de datos para mitigar riesgos asociados al uso de la IA.

Argentina y la IA: Regulación pendiente en un contexto de avance acelerado

Mientras que la Unión Europea ha dado pasos firmes en la regulación de la Inteligencia Artificial con un enfoque basado en la clasificación del riesgo, Argentina todavía se encuentra en una fase de evaluación y discusión sobre cómo abordar esta tecnología desde el marco normativo. A pesar de no contar con una ley específica sobre IA, el país ha tomado medidas preliminares, especialmente en lo relacionado con la protección de datos personales y la transparencia en el uso de sistemas automatizados.

El Programa de Transparencia y Protección de Datos Personales en el uso de la Inteligencia Artificial, creado en 2023 por la Agencia de Acceso a la Información Pública (AAIP), ha sido el principal esfuerzo regulador hasta ahora. Sin embargo, este programa se centra en la supervisión y no establece límites estrictos a las aplicaciones de IA, lo que deja abierta la posibilidad de usos no regulados, como la identificación biométrica en espacios públicos.

Esta falta de un marco normativo claro genera tensiones entre los sectores que buscan promover la innovación y aquellos preocupados por los riesgos de la IA. Un ejemplo de ello es la implementación de sistemas de predicción del delito basados en IA, anunciados en 2024 por el Gobierno argentino. Estos sistemas, inspirados en modelos utilizados en otros países, analizan datos históricos y en tiempo real para anticipar posibles delitos. Sin embargo, organizaciones de derechos humanos han señalado que este tipo de herramientas pueden reforzar sesgos discriminatorios y aumentar la vigilancia masiva sin garantías suficientes de privacidad y debido proceso.

Uno de los riesgos principales de este tipo de sistemas es su tendencia a replicar sesgos existentes en los datos históricos. Si las bases de datos utilizadas reflejan patrones de discriminación, la IA simplemente amplificará esas tendencias, lo que podría llevar a un refuerzo de la criminalización de ciertos sectores de la población. A pesar de estos riesgos, Argentina no cuenta aún con una entidad independiente que audite el uso de IA en seguridad pública, algo que en la UE y en algunos estados de EE.UU. ya se está implementando.

Por otro lado, en el ámbito económico y laboral, la IA ya está teniendo impactos significativos en Argentina. La automatización de tareas en sectores como la programación, el marketing digital y la educación ha generado preocupación sobre la posible eliminación de empleos. Esto plantea la necesidad de que el país adopte una legislación que contemple medidas de mitigación, como programas de reconversión laboral y apoyo a los trabajadores afectados.

En este sentido, la falta de regulación puede generar un escenario de incertidumbre tanto para los trabajadores como para las empresas que buscan desarrollar o adoptar soluciones basadas en IA. Mientras en la UE se exige que las aplicaciones de alto riesgo cuenten con supervisión humana y mecanismos de transparencia, en Argentina aún no hay criterios claros sobre qué tipo de IA debería ser sometida a un control más estricto.

Dado este panorama, expertos en tecnología y derecho han propuesto que Argentina siga el modelo de la UE, estableciendo un marco legal que garantice el desarrollo responsable de la IA sin frenar la innovación. Esto implicaría definir categorías de riesgo, crear un organismo de supervisión especializado y establecer requisitos obligatorios de transparencia para las empresas que utilicen IA en decisiones que afecten a personas.

América Latina y su rol en la regulación de la IA

Mientras que Argentina avanza con pasos cautelosos, otros países de América Latina han comenzado a estructurar políticas públicas más definidas para el desarrollo y regulación de la Inteligencia Artificial.

Uno de los casos más destacados es el de Colombia, que en febrero de 2025 lanzó su Política Nacional de Inteligencia Artificial, con una inversión de 120 millones de dólares para su implementación hasta 2030. Esta política se centra en fomentar la innovación, capacitar a la población en el uso de IA y establecer lineamientos éticos para su desarrollo. Si bien aún no se han definido regulaciones estrictas sobre el uso de IA en seguridad o decisiones automatizadas, el plan establece que cualquier aplicación de IA en el sector público deberá cumplir con principios de equidad, transparencia y rendición de cuentas.

Otro país que ha tomado medidas concretas es Brasil, que desde 2021 ha trabajado en la elaboración de un Marco Legal de la Inteligencia Artificial. Este marco, aún en debate, busca establecer principios similares a los de la UE, como la prohibición de sistemas de IA que vulneren derechos fundamentales. Sin embargo, Brasil enfrenta desafíos debido a la fuerte presión de la industria tecnológica, que teme que una regulación demasiado estricta frene el crecimiento del sector.

En general, América Latina enfrenta un dilema similar al de otros países en desarrollo: por un lado, la necesidad de impulsar la adopción de IA para mejorar la competitividad económica, y por otro, la urgencia de establecer reglas claras para evitar abusos y desigualdades.

Un factor clave que complica la regulación en la región es la falta de infraestructura y especialistas en el tema. Mientras que en la UE y EE.UU. existen organismos dedicados exclusivamente a la auditoría de algoritmos y la ética de la IA, en la mayoría de los países latinoamericanos no hay instituciones con el conocimiento técnico suficiente para evaluar estos sistemas. Esto hace que la regulación de la IA dependa en gran medida de organismos internacionales y empresas privadas, que a menudo priorizan sus propios intereses sobre la protección de los derechos ciudadanos.

A pesar de estos desafíos, la región tiene la oportunidad de aprovechar los avances regulatorios en otras partes del mundo y adaptarlos a su contexto. Iniciativas como el Observatorio Latinoamericano de Inteligencia Artificial Ética, que reúne a académicos y expertos para analizar el impacto de la IA en la región, pueden jugar un papel clave en la creación de políticas públicas que equilibren innovación y regulación.

El futuro de la regulación de la IA en el mundo y en América Latina

A medida que la Inteligencia Artificial sigue evolucionando y transformando la sociedad, la necesidad de una regulación efectiva se vuelve cada vez más evidente. Mientras la UE ha tomado la delantera con su Ley de IA, otras regiones, como América Latina, aún están en una fase de exploración y debate.

Argentina, en particular, enfrenta el reto de diseñar un marco regulatorio que garantice el desarrollo ético de la IA sin frenar la innovación. Si bien el país ha dado algunos pasos en la dirección correcta, como la creación del programa de transparencia y la discusión sobre el uso de IA en seguridad pública, aún queda un largo camino por recorrer.

La adopción de un modelo regulatorio basado en el análisis de riesgos, similar al de la UE, podría ser una solución viable para Argentina y otros países de la región. Sin embargo, esto requerirá una mayor inversión en capacitación, infraestructura y organismos de supervisión independientes que puedan evaluar de manera objetiva los sistemas de IA y su impacto en la sociedad.

En última instancia, la regulación de la IA no debe verse como un obstáculo, sino como una oportunidad para construir un futuro donde la tecnología sirva a la humanidad de manera ética y equitativa. La clave estará en encontrar un equilibrio entre la innovación y la protección de los derechos fundamentales, asegurando que el avance de la IA beneficie a todos por igual.

Argentina: Entre la innovación y la regulación

Argentina ha mostrado un interés creciente en la adopción de la IA, implementando iniciativas que buscan integrar esta tecnología en áreas como la seguridad pública. En agosto de 2024, el gobierno anunció planes para utilizar sistemas de IA con el fin de predecir y prevenir delitos futuros, analizando datos históricos y monitoreando en tiempo real. Esta estrategia ha generado preocupaciones entre organizaciones de derechos humanos, que advierten sobre posibles violaciones a la privacidad y discriminación hacia ciertos grupos sociales.

En el ámbito regulatorio, en septiembre de 2023, la Agencia de Acceso a la Información Pública (AAIP) de Argentina estableció el "Programa de Transparencia y Protección de Datos Personales en el uso de la Inteligencia Artificial". Este programa tiene como objetivo analizar y regular el uso de la IA, garantizando la protección de datos personales y evitando sesgos discriminatorios en su aplicación.

A pesar de estos avances, Argentina aún carece de una legislación específica que regule de manera integral el desarrollo y uso de la IA. Expertos sugieren la necesidad de un marco regulatorio que equilibre la promoción de la innovación con la responsabilidad y ética en el uso de la IA, protegiendo los derechos humanos y fomentando la equidad.

Desafíos y consideraciones futuras

La regulación de la IA presenta desafíos complejos que requieren un enfoque equilibrado. Es esencial que las normativas protejan los derechos fundamentales sin obstaculizar el progreso tecnológico. Además, la colaboración internacional se torna crucial, dado que la IA trasciende fronteras y su impacto es global. Eventos como el Encuentro Global sobre Seguridad en la Inteligencia Artificial, celebrado en el Reino Unido en noviembre de 2023, subrayan la importancia de una cooperación multinacional para abordar los riesgos y beneficios asociados a la IA.

En resumen, mientras la IA continúa evolucionando y redefiniendo múltiples aspectos de la sociedad, es imperativo que las regulaciones acompañen este ritmo de cambio. Argentina, al igual que otras naciones, enfrenta el reto de diseñar políticas que promuevan un desarrollo responsable de la IA, asegurando que sus beneficios se distribuyan equitativamente y que se minimicen los riesgos potenciales para la sociedad.

Cómo funciona la Inteligencia Artificial: principios y enfoques

Comprender el funcionamiento de la inteligencia artificial exige abandonar la fantasía de una "mente artificial" que simplemente piensa como nosotros. La IA no razona, no comprende, no interpreta como lo hace un sujeto humano. Pero produce resultados que, en muchos casos, imitan o incluso superan ciertas capacidades cognitivas humanas. ¿Cómo se logra eso? La respuesta está en una combinación de algoritmos matemáticos, estructuras de datos, arquitecturas de redes neuronales y enormes volúmenes de información procesada.

Uno de los principios centrales de la IA contemporánea es el aprendizaje automático (machine learning), una rama que permite a los sistemas mejorar su desempeño a partir de la experiencia, sin ser programados de manera explícita para cada tarea. En lugar de recibir una lista cerrada de instrucciones, el sistema recibe ejemplos: datos de entrada y los resultados esperados. A partir de allí, ajusta sus propios parámetros internos para minimizar el error entre su salida y el objetivo deseado. Este proceso, conocido como entrenamiento, es lo que transforma una arquitectura vacía en un sistema capaz de reconocer patrones, clasificar información, traducir textos o diagnosticar enfermedades.

Hay distintos enfoques dentro del aprendizaje automático. El más clásico es el aprendizaje supervisado, donde el modelo recibe datos etiquetados: por ejemplo, miles de imágenes de gatos y perros con su categoría correspondiente. El sistema aprende a identificar las características que diferencian una clase de otra. En el aprendizaje no supervisado, en cambio, no hay etiquetas: el sistema debe encontrar por sí mismo regularidades en los datos, como agrupaciones, similitudes o estructuras latentes. El aprendizaje por refuerzo, por su parte, implica una forma de experimentación activa: el sistema prueba distintas acciones en un entorno y recibe recompensas o penalizaciones, como si aprendiera por ensayo y error. Este enfoque se ha utilizado con éxito en el desarrollo de agentes capaces de jugar videojuegos, controlar robots o gestionar estrategias de inversión.

Sin embargo, el avance decisivo en la IA moderna fue el surgimiento del deep learning o aprendizaje profundo. Se trata de una extensión del aprendizaje automático basada en redes neuronales profundas: estructuras compuestas por capas sucesivas de nodos (o "neuronas artificiales") que procesan información de manera jerárquica. Cada capa transforma los datos de entrada en representaciones cada vez más abstractas. En una red que reconoce imágenes, por ejemplo, las primeras capas pueden detectar bordes o colores, las intermedias combinaciones de formas y texturas, y las finales, patrones complejos como rostros o letras.

El funcionamiento de estas redes depende de funciones matemáticas llamadas activaciones, de un proceso de retropropagación del error que ajusta los pesos de las conexiones, y de una fase de optimización que busca minimizar una función de pérdida. Detrás de estas expresiones técnicas hay un principio simple pero potente: el sistema aprende comparando su predicción con la realidad y modificando sus parámetros para acercarse cada vez más al resultado correcto. Este ajuste ocurre miles o millones de veces durante el entrenamiento, en ciclos que requieren una enorme capacidad de cómputo y acceso a grandes volúmenes de datos.

Los modelos actuales, como GPT-4 o PaLM, utilizan arquitecturas conocidas como transformers, que han reemplazado a las redes neuronales recurrentes en tareas de lenguaje natural. La clave de estas arquitecturas es el mecanismo de atención, que permite al modelo ponderar qué partes del input son más relevantes para cada predicción, sin necesidad de procesar la información en orden secuencial. Esto permite una paralelización eficiente y una escalabilidad sin precedentes.

El preentrenamiento de estos modelos se realiza sobre corpus inmensos de texto (extraídos de libros, sitios web, foros, redes sociales), y el objetivo es predecir la siguiente palabra dada una secuencia anterior. Aunque parece trivial, esta tarea exige que el modelo capte regularidades gramaticales, semánticas, discursivas e incluso culturales. Una vez entrenado, el modelo puede afinarse (fine-tuning) para tareas específicas, como responder preguntas, traducir idiomas, escribir código o resumir artículos.

En síntesis, la inteligencia artificial funciona no como una mente mágica, sino como una sofisticada maquinaria estadística y computacional. Aprende a partir de datos, ajusta millones de parámetros, construye representaciones abstractas y opera con una eficiencia que desafía los límites de nuestra intuición. No comprende, pero predice. No piensa, pero modela. No siente, pero responde con una fluidez que a veces nos hace olvidar que no hay nadie allí. Esa es su fuerza, y también su riesgo.

Comprender el funcionamiento de la inteligencia artificial exige abandonar la fantasía de una "mente artificial" que simplemente piensa como nosotros. La IA no razona, no comprende, no interpreta como lo hace un sujeto humano. Pero produce resultados que, en muchos casos, imitan o incluso superan ciertas capacidades cognitivas humanas. ¿Cómo se logra eso? La respuesta está en una combinación de algoritmos matemáticos, estructuras de datos, arquitecturas de redes neuronales y enormes volúmenes de información procesada.

Uno de los principios centrales de la IA contemporánea es el aprendizaje automático (machine learning), una rama que permite a los sistemas mejorar su desempeño a partir de la experiencia, sin ser programados de manera explícita para cada tarea.

En lugar de recibir una lista cerrada de instrucciones, el sistema recibe ejemplos: datos de entrada y los resultados esperados. A partir de allí, ajusta sus propios parámetros internos para minimizar el error entre su salida y el objetivo deseado. Este proceso, conocido como entrenamiento, es lo que transforma una arquitectura vacía en un sistema capaz de reconocer patrones, clasificar información, traducir textos o diagnosticar enfermedades.

Hay distintos enfoques dentro del aprendizaje automático. El más clásico es el aprendizaje supervisado, donde el modelo recibe datos etiquetados: por ejemplo, miles de imágenes de gatos y perros con su categoría correspondiente. El sistema aprende a identificar las características que diferencian una clase de otra. En el aprendizaje no supervisado, en cambio, no hay etiquetas: el sistema debe encontrar por sí mismo regularidades en los datos, como agrupaciones, similitudes o estructuras latentes. El aprendizaje por refuerzo, por su parte, implica una forma de experimentación activa: el sistema prueba distintas acciones en un entorno y recibe recompensas o penalizaciones, como si aprendiera por ensayo y error. Este enfoque se ha utilizado con éxito en el desarrollo de agentes capaces de jugar videojuegos, controlar robots o gestionar estrategias de inversión.

Sin embargo, el avance decisivo en la IA moderna fue el surgimiento del deep learning o aprendizaje profundo. Se trata de una extensión del aprendizaje automático basada en redes neuronales profundas: estructuras compuestas por capas sucesivas de nodos (o "neuronas artificiales") que procesan información de manera jerárquica. Cada capa transforma los datos de entrada en representaciones cada vez más abstractas. En una red que reconoce imágenes, por ejemplo, las primeras capas pueden detectar bordes o colores, las intermedias combinaciones de formas y texturas, y las finales, patrones complejos como rostros o letras.

El funcionamiento de estas redes depende de funciones matemáticas llamadas activaciones, de un proceso de retropropagación del error que ajusta los pesos de las conexiones, y de una fase de optimización que busca minimizar una función de pérdida. Detrás de estas expresiones técnicas hay un principio simple pero potente: el sistema aprende comparando su predicción con la realidad y modificando sus parámetros para acercarse cada vez más al resultado correcto. Este ajuste ocurre miles o millones de veces durante el entrenamiento, en ciclos que requieren una enorme capacidad de cómputo y acceso a grandes volúmenes de datos.

Los modelos actuales, como GPT-4 o PaLM, utilizan arquitecturas conocidas como transformers, que han reemplazado a las redes neuronales recurrentes en tareas de lenguaje natural. La clave de estas arquitecturas es el mecanismo de atención, que permite al modelo ponderar qué partes del input son más relevantes para cada predicción, sin necesidad de procesar la información en orden secuencial. Esto permite una paralelización eficiente y una escalabilidad sin precedentes.

El preentrenamiento de estos modelos se realiza sobre corpus inmensos de texto (extraídos de libros, sitios web, foros, redes sociales), y el objetivo es predecir la siguiente palabra dada una secuencia anterior. Aunque parece trivial, esta tarea exige que el modelo capte regularidades gramaticales, semánticas, discursivas e incluso culturales. Una vez entrenado, el modelo puede afinarse (fine-tuning) para tareas específicas, como responder preguntas, traducir idiomas, escribir código o resumir artículos.

En paralelo al avance de los modelos generativos de lenguaje, se ha desarrollado una rama complementaria: los modelos multimodales. Estos sistemas no se limitan a un único tipo de dato (texto, imagen, sonido), sino que integran diversos formatos para realizar tareas complejas que requieren una comprensión conjunta de distintos insumos. Por ejemplo, un modelo multimodal puede recibir una imagen y una pregunta textual sobre ella, y generar una respuesta coherente. Esto exige que el sistema "traduzca" entre formatos y construya una representación abstracta que funcione como punto de articulación entre visiones, sonidos y palabras. Modelos como DALL-E, CLIP o Gemini representan esta nueva frontera de la IA.

Otro aspecto clave en el funcionamiento interno de estos sistemas es la noción de embeddings. Un embedding es una representación numérica de elementos simbólicos (palabras, imágenes, fragmentos de audio) en un espacio vectorial de alta dimensionalidad. Lo crucial es que esta representación preserva relaciones de semejanza semántica: dos conceptos similares estarán cercanos en ese espacio abstracto. De este modo, el modelo no opera con el significado convencional de las palabras, sino con distancias geométricas entre vectores. Esta matematización de lo simbólico permite a la IA realizar analogías, detectar redundancias, completar secuencias o inferir patrones.

Finalmente, cabe señalar que todos estos sistemas dependen de un componente invisible pero decisivo: la curaduría de datos. Detrás de cada modelo exitoso hay millones de ejemplos seleccionados, depurados, etiquetados o anonimizados. Los sesgos de esos datos se transfieren al modelo, lo que implica que toda IA es, de algún modo, una cristalización de las elecciones y exclusiones realizadas durante su entrenamiento. La inteligencia artificial no es autónoma en su nacimiento: es el resultado de una cadena de decisiones humanas codificadas en arquitecturas algorítmicas.

En síntesis, la inteligencia artificial funciona no como una mente mágica, sino como una sofisticada maquinaria estadística y computacional. Aprende a partir de datos, ajusta millones de parámetros, construye representaciones abstractas y opera con una eficiencia que desafía los límites de nuestra intuición. No comprende, pero predice. No piensa, pero modela. No siente, pero responde con una fluidez que a veces nos hace olvidar que no hay nadie allí. Esa es su fuerza, y también su riesgo.

El futuro de la Inteligencia Artificial

La inteligencia artificial ya no es un concepto lejano ni una herramienta de automatización limitada a contextos técnicos. Su avance ha sido vertiginoso y su impacto en la sociedad moderna es innegable. Cada día, nuevos desarrollos amplían sus capacidades, generando expectativas y temores sobre un futuro en el que la IA ocupará un rol cada vez más protagónico en nuestras vidas.

En diversos sectores económicos, la IA ha revolucionado la productividad y la eficiencia. Empresas tecnológicas y plataformas de comercio han reemplazado agentes humanos de atención al cliente con chatbots que procesan consultas con fluidez. En el sector financiero, algoritmos analizan grandes volúmenes de datos en milisegundos para determinar la viabilidad crediticia de personas y empresas con una precisión que supera al juicio tradicional. En la industria manufacturera, la automatización ha reducido drásticamente la necesidad de mano de obra en tareas repetitivas, optimizando costos y escalando la producción a niveles inéditos.

Incluso en profesiones altamente especializadas, como el derecho, la medicina o la educación, la IA ya está desempeñando funciones que antes requerían años de formación humana: revisión de contratos, análisis de jurisprudencia, diagnóstico clínico, diseño pedagógico personalizado. Estas transformaciones, si bien aumentan la eficiencia, abren interrogantes profundos sobre el sentido y el lugar del trabajo humano.

La automatización de tareas ha desplazado a miles de trabajadores y ha modificado radicalmente la concepción tradicional de la empleabilidad. En algunos casos, ha generado nuevas oportunidades para quienes cuentan con habilidades digitales avanzadas. En otros, ha profundizado la brecha entre quienes pueden adaptarse al nuevo paradigma y quienes quedan rezagados, sin herramientas ni formación suficientes para reubicarse en un mercado laboral reconfigurado.

Este proceso ha alimentado un temor legítimo: que la inteligencia artificial termine haciendo prescindibles a los humanos en múltiples ámbitos. Más allá del reemplazo técnico, lo que está en juego es una redefinición estructural del lugar del sujeto en la cadena de producción, en la toma de decisiones, en la circulación de saberes. La pregunta ya no es si ciertas tareas serán automatizadas, sino qué queda del trabajo humano cuando sus funciones son absorbidas por sistemas que aprenden, se optimizan y generan valor con creciente autonomía.

En este contexto, el debate sobre la inteligencia artificial general (AGI, por sus siglas en inglés) cobra centralidad. A diferencia de los sistemas actuales, que son expertos en tareas específicas, una AGI tendría la capacidad de razonar, adaptarse y aprender de manera autónoma en múltiples dominios. Algunos investigadores sostienen que estamos aún lejos de alcanzar una verdadera AGI. Otros, en cambio, advierten que los avances recientes en aprendizaje profundo, procesamiento de lenguaje natural y arquitecturas multimodales sientan las bases para una inteligencia con capacidad de automejora indefinida.

De alcanzarse ese nivel, el dilema dejaría de ser tecnológico para volverse filosófico, político y ontológico. ¿Qué significaría para la humanidad coexistir con una inteligencia superior? ¿Tendríamos control sobre ella, o seríamos desplazados a un rol secundario en nuestra propia evolución? ¿Quién decidiría sobre los fines de una entidad que puede modificar sus propios medios?

Más aún: ¿puede una IA llegar a ser consciente? Actualmente, los sistemas más avanzados procesan información, aprenden de los datos y generan respuestas coherentes, pero lo hacen desde estructuras puramente estadísticas. No poseen intencionalidad ni experiencia subjetiva. Sin embargo, la velocidad con la que evolucionan las redes neuronales plantea la hipótesis de que, en algún momento, estas máquinas podrían desarrollar formas rudimentarias de autoconciencia o emociones sintéticas. Si se llegara a demostrar que una IA puede sentir, el debate sobre sus derechos y su lugar en la sociedad adquiriría una dimensión completamente nueva.

Nos enfrentaríamos entonces a preguntas sin precedentes: "¿Una IA consciente debe ser tratada como un ser sintiente?", "¿Podría reclamar derechos o tomar decisiones soberanas?", "¿Sería responsable de sus actos?" La línea entre lo biológico y lo artificial se volvería borrosa, desafiando nuestras nociones fundamentales sobre identidad, inteligencia y vida.

La exploración del cosmos ha sido durante mucho tiempo una frontera desafiante para la humanidad, llena de incógnitas y peligros. En este contexto, la inteligencia artificial (IA) se ha convertido en un aliado indispensable, potenciando nuestras capacidades y permitiendo avances que, de otro modo, serían inalcanzables. Las misiones espaciales actuales y futuras dependen cada vez más de sistemas autónomos capaces de tomar decisiones en tiempo real, sin la necesidad de intervención humana directa. Esta autonomía es crucial en entornos donde las comunicaciones pueden sufrir retrasos significativos, como en el caso de misiones a Marte o más allá.

Los rovers marcianos, por ejemplo, están equipados con algoritmos de IA que les permiten navegar terrenos complejos, identificar puntos de interés científico y adaptar sus rutas en función de obstáculos imprevistos. Esta capacidad de adaptación no sólo aumenta la eficiencia de las misiones, sino que también reduce los riesgos asociados a la exploración de superficies desconocidas. Además, la IA facilita el análisis de datos recopilados, permitiendo a los científicos en la Tierra interpretar información compleja y tomar decisiones informadas sobre los próximos pasos a seguir.

Más allá de la exploración planetaria, la inteligencia artificial desempeña un papel fundamental en la gestión y operación de satélites. Los sistemas inteligentes pueden monitorear el estado de los equipos, predecir posibles fallos y realizar ajustes en tiempo real para mantener la funcionalidad óptima. Esta capacidad de autogestión es esencial para prolongar la vida útil de los satélites y garantizar la continuidad de los servicios que proporcionan, desde las comunicaciones hasta la observación terrestre.

La integración de la IA en la exploración espacial también abre la puerta a la colaboración entre humanos y máquinas en entornos extraterrestres. Se prevé que futuras misiones tripuladas a la Luna, Marte y más allá contarán con asistentes robóticos inteligentes que apoyarán a los astronautas en tareas rutinarias, permitirán la monitorización de la salud y facilitarán la adaptación a condiciones adversas. Esta sinergia entre la capacidad humana y la inteligencia artificial promete ampliar las fronteras de nuestra presencia en el espacio, haciendo posibles misiones más ambiciosas y sostenibles.

Sin embargo, la dependencia creciente de la IA en la exploración espacial plantea desafíos éticos y técnicos. La toma de decisiones autónoma por parte de sistemas inteligentes requiere niveles de confianza y seguridad extremadamente altos, especialmente cuando se trata de situaciones que podrían poner en peligro vidas humanas o inversiones significativas. Es imperativo desarrollar marcos regulatorios y protocolos que aseguren el comportamiento fiable y transparente de estos sistemas en el vasto y desconocido entorno espacial.

En resumen, la inteligencia artificial está redefiniendo las posibilidades de la exploración espacial, actuando como un multiplicador de nuestras capacidades y abriendo nuevas avenidas para el descubrimiento y la innovación. A medida que continuamos nuestro viaje hacia las estrellas, la colaboración entre la mente humana y la máquina inteligente será, sin duda, una piedra angular en la construcción de nuestro futuro cósmico.

La inteligencia artificial (IA) ha permeado diversos ámbitos de la sociedad, transformando no sólo procesos industriales y comerciales, sino también influyendo profundamente en la esfera creativa. En el ámbito artístico, la IA ha emergido como una herramienta que desafía y expande las fronteras de la creatividad humana. Artistas contemporáneos están colaborando con sistemas de IA para generar obras que combinan la intuición humana con la capacidad computacional de identificar patrones y generar formas novedosas. Esta sinergia ha dado lugar a piezas únicas que, de otra manera, podrían haber permanecido inexploradas. Sin embargo, esta colaboración también suscita debates sobre la autoría y la originalidad, cuestionando si una obra creada con la asistencia de una máquina puede considerarse genuinamente humana o si representa una nueva categoría de expresión artística.

A medida que la IA se integra más profundamente en la creatividad artística, emergen desafíos éticos que requieren una atención meticulosa. Uno de los principales es el sesgo algorítmico, donde los sistemas de IA, entrenados con datos históricos, pueden perpetuar estereotipos o discriminaciones existentes. Esto es particularmente preocupante en aplicaciones donde la IA influye en decisiones significativas, como en la contratación laboral o en evaluaciones de rendimiento. Además, la cuestión de la privacidad y la protección de datos se vuelve crítica, ya que la IA a menudo requiere acceso a grandes volúmenes de información personal para funcionar eficazmente. Establecer marcos éticos y regulatorios que guíen el desarrollo y la implementación de la IA es esencial para garantizar que su avance beneficie a la sociedad en su conjunto sin comprometer valores fundamentales.

La aplicación de la IA también se extiende al ámbito de la sostenibilidad ambiental. La capacidad de la IA para analizar vastas cantidades de datos en tiempo real permite optimizar el uso de recursos naturales, predecir patrones climáticos y desarrollar estrategias más eficientes para combatir el cambio climático. Por ejemplo, en la agricultura, la IA puede asesorar sobre el momento óptimo para la siembra y la cosecha, reduciendo el desperdicio y mejorando el rendimiento. Sin embargo, es crucial considerar el impacto ambiental de la propia infraestructura de la IA, ya que los centros de datos y el procesamiento intensivo requieren cantidades significativas de energía. Por lo tanto, es imperativo equilibrar los beneficios que la IA aporta a la sostenibilidad con las demandas energéticas que impone.

En el sector educativo, la IA está revolucionando la manera en que se imparte y se recibe el conocimiento. Sistemas de aprendizaje adaptativo impulsados por IA ofrecen experiencias personalizadas que se ajustan a las necesidades y ritmos individuales de los estudiantes, facilitando una comprensión más profunda y efectiva de los contenidos. Además, la IA puede identificar áreas donde los estudiantes tienen dificultades, permitiendo a los educadores intervenir de manera más precisa y oportuna. No obstante, la integración de la IA en la educación también plantea interrogantes sobre la equidad en el acceso a estas tecnologías y la posible deshumanización del proceso educativo. Es esencial garantizar que la implementación de la IA en las aulas complemente, y no reemplace, la interacción humana fundamental para el desarrollo integral de los estudiantes.

La convergencia de la IA en estos diversos ámbitos subraya la necesidad de un enfoque holístico y reflexivo en su desarrollo e implementación. A medida que la IA continúa evolucionando, es responsabilidad de la sociedad orientar su progreso de manera que amplifique las capacidades humanas, respete los valores éticos y contribuya al bienestar colectivo. Sólo a través de una colaboración consciente entre humanos y máquinas podremos desbloquear el verdadero potencial de la inteligencia artificial en beneficio de la humanidad.

La irrupción de la inteligencia artificial en la educación está redefiniendo los paradigmas tradicionales de enseñanza y aprendizaje. Al igual que en otros ámbitos, la IA ofrece herramientas que pueden personalizar y optimizar procesos, adaptándose a las necesidades individuales de cada estudiante. Sistemas inteligentes analizan el rendimiento académico, identifican áreas de mejora y sugieren recursos específicos, permitiendo una experiencia educativa más eficiente y centrada en el alumno. Esta capacidad de adaptación no sólo mejora la comprensión de conceptos complejos, sino que también fomenta una mayor motivación y compromiso por parte de los estudiantes.

Además de la personalización del aprendizaje, la IA contribuye a la automatización de tareas administrativas, liberando a los docentes de cargas burocráticas y permitiéndoles enfocarse en aspectos más creativos y estratégicos de la enseñanza. Por ejemplo, la corrección automatizada de exámenes y la gestión de la asistencia son procesos que, al ser delegados a sistemas inteligentes, optimizan el tiempo y los recursos en las instituciones educativas. Sin embargo, esta delegación también plantea interrogantes sobre la precisión y equidad de las evaluaciones automatizadas, así como sobre la posible deshumanización de ciertos aspectos del proceso educativo.

La integración de la IA en las aulas también abre la puerta a nuevas metodologías pedagógicas. La realidad aumentada y los entornos virtuales, impulsados por inteligencia artificial, ofrecen experiencias inmersivas que pueden enriquecer la comprensión de temas abstractos o complejos. Estas tecnologías permiten simular escenarios históricos, experimentos científicos o resolver problemas matemáticos en entornos interactivos, facilitando un aprendizaje más profundo y significativo. No obstante, la implementación de estas herramientas requiere una infraestructura adecuada y una formación docente continua, aspectos que pueden representar desafíos significativos, especialmente en contextos con recursos limitados.

A pesar de los beneficios evidentes, la incorporación de la IA en la educación no está exenta de desafíos éticos y prácticos. La privacidad de los datos estudiantiles es una preocupación primordial, ya que los sistemas de IA requieren acceso a información personal para funcionar eficazmente. Garantizar la seguridad y confidencialidad de estos datos es esencial para mantener la confianza en las tecnologías educativas. Además, existe el riesgo de que la dependencia excesiva en sistemas automatizados disminuya las habilidades críticas y analíticas de los estudiantes, si no se equilibran adecuadamente las herramientas tecnológicas con la enseñanza tradicional.

Otro aspecto a considerar es la equidad en el acceso a estas tecnologías. Mientras que en algunas regiones las escuelas están equipadas con las últimas innovaciones, en otras, la falta de recursos impide la implementación de herramientas basadas en IA, ampliando la brecha educativa existente. Es fundamental que las políticas educativas aborden estas disparidades, asegurando que todos los estudiantes, independientemente de su ubicación o contexto socioeconómico, puedan beneficiarse de las ventajas que la inteligencia artificial puede ofrecer en el ámbito educativo.

En resumen, la inteligencia artificial tiene el potencial de transformar la educación de maneras profundas y variadas, ofreciendo oportunidades para personalizar el aprendizaje, automatizar procesos y enriquecer las metodologías pedagógicas. Sin embargo, su implementación debe ser cuidadosamente planificada y monitoreada, considerando los desafíos éticos, prácticos y de equidad que presenta. Sólo a través de un enfoque equilibrado y consciente se podrá garantizar que la integración de la IA en la educación contribuya verdaderamente al desarrollo integral de los estudiantes y al avance de la sociedad en su conjunto.

La creciente integración de la inteligencia artificial (IA) en diversos sectores ha abierto nuevas oportunidades para abordar desafíos globales, entre ellos, la sostenibilidad ambiental. La capacidad de la IA para procesar y analizar grandes volúmenes de datos en tiempo real permite desarrollar soluciones innovadoras para la gestión eficiente de recursos naturales, la reducción de emisiones contaminantes y la promoción de prácticas ecológicas. Por ejemplo, en el ámbito de la conservación ambiental, se están utilizando tecnologías avanzadas como satélites, drones e inteligencia artificial para monitorear y proteger ecosistemas vulnerables como la Amazonía, facilitando la detección temprana de actividades ilegales y la preservación de la biodiversidad.

Sin embargo, es fundamental reconocer que, aunque la IA ofrece herramientas poderosas para promover la sostenibilidad, su implementación también conlleva impactos ambientales significativos. Los centros de datos que sustentan las operaciones de IA consumen cantidades considerables de energía y agua, contribuyendo a la huella de carbono y al agotamiento de recursos hídricos. Además, la fabricación y el desecho de hardware asociado generan residuos electrónicos que pueden ser perjudiciales para el medio ambiente . Por lo tanto, es imperativo que el desarrollo y la aplicación de la IA se realicen de manera consciente y responsable, equilibrando los beneficios que aporta con los costos ambientales que implica.

Este equilibrio nos lleva a considerar los desafíos éticos inherentes a la evolución de la inteligencia artificial. A medida que la IA asume roles más prominentes en la toma de decisiones y en la automatización de procesos, surgen cuestiones críticas relacionadas con la responsabilidad, la transparencia y la equidad. Uno de los principales desafíos es el sesgo algorítmico, donde los sistemas de IA, al ser entrenados con datos históricos, pueden perpetuar y amplificar prejuicios existentes, resultando en decisiones discriminatorias o injustas . Esto es especialmente preocupante en áreas sensibles como la contratación laboral, la concesión de créditos o el ámbito judicial, donde las decisiones basadas en IA pueden tener consecuencias significativas en la vida de las personas.

Además, la recopilación y el uso extensivo de datos personales por parte de sistemas de IA plantean serias preocupaciones sobre la privacidad y la seguridad de la información. La capacidad de la IA para analizar patrones y predecir comportamientos puede llevar a invasiones de la privacidad si no se establecen salvaguardas adecuadas. Un ejemplo de ello es el uso de herramientas de IA para crear perfiles psicológicos detallados de individuos sin su consentimiento explícito, lo que genera dilemas éticos sobre el manejo

En este horizonte de transformaciones múltiples, la inteligencia artificial ya no puede pensarse como una herramienta puntual, sino como una forma nueva de organizar el mundo: desde los modos de enseñar y aprender hasta la manera de crear, gobernar, explorar o cuidar el planeta. Lejos de reducirse a una técnica, la IA se presenta como un umbral cultural que nos obliga a reconfigurar nuestras categorías más profundas —inteligencia, autonomía, sentido, justicia— en función de una coexistencia con sistemas que no sienten, pero que inciden. La pregunta no es ya si debemos o no aceptar la presencia de la inteligencia artificial, sino qué formas deseamos que tome, qué valores encarne, qué futuros habilite o clausure. En esa encrucijada, lo verdaderamente humano no será resistirse al cambio, sino construir con él una nueva ética del pensamiento, donde el saber, la sensibilidad y la imaginación no sean sustituidos, sino potenciados. El futuro de la inteligencia artificial, entonces, no está escrito: es una página abierta que nos interpela a todos.

La IA en la vida cotidiana y sus implicancias éticas

Durante mucho tiempo, la inteligencia artificial fue una promesa de laboratorio, una imagen especulativa proyectada sobre el futuro. Hoy, esa promesa ya no necesita anunciarse: opera en silencio, en lo cotidiano, en los gestos más íntimos que conforman nuestra experiencia diaria. No entra por la puerta principal, con discursos altisonantes, sino por las rendijas del uso práctico, del consejo rápido, del asistente eficiente. Nos sugiere qué ruta tomar, qué película mirar, qué decirle a un amigo, cómo responder un mail, cómo invertir, cómo comer, cómo dormir mejor. A fuerza de utilidad, la IA se vuelve criterio. Lo que empezó como ayuda, se convierte en norma. Y lo que era norma, se vuelve automatismo. Pero esta integración no es neutra: reconfigura lo que entendemos por bienestar, por decisión, por deseo. Si los algoritmos ya no sólo nos asisten, sino que nos orientan, nos evalúan, nos corrigen y nos anticipan, ¿dónde queda la experiencia? ¿Dónde el error, la vacilación, la exploración abierta que caracteriza a la vida humana? El problema no es que estas tecnologías sean sofisticadas, sino que su uso cotidiano se despoja de todo conflicto. Nos acostumbramos a delegar sin preguntarnos qué estamos cediendo. El riesgo no está en el gran cataclismo futuro, sino en la pérdida gradual, invisible, del margen de acción personal, en la sustitución silenciosa del juicio propio por sugerencias que ya no distinguimos de la voluntad.

En el terreno delicado de la salud mental, la inteligencia artificial ha comenzado a ocupar un lugar cada vez más inquietante. Chatbots entrenados para ofrecer contención emocional conversan diariamente con miles de usuarios que buscan alivio, orientación o compañía en momentos de crisis. Aplicaciones que prometen reducir la ansiedad, combatir la depresión o gestionar el estrés se presentan como sustitutos viables de la terapia humana. Detrás de esa promesa hay un mecanismo seductor: la disponibilidad inmediata, la aparente neutralidad emocional, la ausencia de juicio. Pero también hay una trampa estructural. Ningún sistema algorítmico puede comprender lo que no tiene: historia, contexto, ambigüedad, silencio, pausa, deseo. Un chatbot puede replicar fórmulas de validación emocional, pero no puede alojar un relato personal ni sostener la dimensión simbólica del sufrimiento. Su lógica es instrumental, no transferencial. Responde, pero no escucha. Sugiere, pero no espera. Y sin embargo, en una sociedad cada vez más medicalizada, donde la velocidad prima sobre la elaboración, estos dispositivos empiezan a desplazar el espacio de la escucha real. Lo que debería ser una excepción —una herramienta de emergencia o acompañamiento limitado— empieza a instalarse como modelo de atención. El riesgo no es sólo técnico: es existencial. Cuando la IA ofrece alivio sin conflicto, cuando da respuestas sin preguntas, cuando produce confort sin subjetividad, promueve una idea de salud mental despojada de elaboración, de proceso, de singularidad. Peor aún: al registrar las emociones como datos, al traducir el malestar en patrones cuantificables, genera perfiles emocionales, curvas de estado anímico, reportes de humor que pueden ser monetizados, vendidos, cruzados con otras bases. La intimidad del padecimiento se vuelve parte del mercado. Y la promesa de ayuda se transforma en una nueva forma de exposición: aquella donde lo más frágil se vuelve insumo para el diseño de productos, campañas, narrativas. En ese escenario, el sufrimiento ya no es aquello que interpela al otro, sino una variable que se ajusta, se mide, se diagnostica sin cuerpo. La inteligencia artificial no padece, no duda, no desea. Por eso puede responder rápido. Pero también por eso, no puede cuidar.

La inteligencia artificial se ha instalado con fuerza en el mundo de las finanzas personales. Aplicaciones que monitorean gastos, sugieren presupuestos, detectan patrones de consumo y ofrecen asesoramiento financiero personalizado proliferan bajo la promesa de una vida económica más ordenada, más racional, más eficaz. Para quienes nunca aprendieron a leer un balance, estas herramientas pueden parecer una solución mágica: el algoritmo analiza, decide y sugiere. Pero esa comodidad tiene un precio. El usuario delega el control sobre sus decisiones más sensibles a un sistema que opera bajo lógicas de optimización, no de comprensión. El objetivo no es conocer tus motivaciones, tu historia, tus condiciones materiales, sino ajustar tu comportamiento a un perfil de consumidor ideal: predecible, estable, eficiente. Y en ese proceso, lo que parece ayuda se transforma en modelo normativo. La IA no sólo te dice cuánto podés gastar: te sugiere en qué, cuándo, y con qué frecuencia. Esa prescripción, disfrazada de recomendación, modifica hábitos, deseos y prioridades sin que el usuario lo perciba. Además, los modelos de asesoría automática en inversiones —cada vez más extendidos en plataformas de home banking— plantean dilemas aún más agudos. Un algoritmo que aconseja colocar tus ahorros en un fondo de riesgo moderado no tiene en cuenta tus miedos, tus experiencias previas, tus horizontes vitales. No sabe si ese dinero es un colchón de seguridad, una herencia reciente, una apuesta desesperada. Opera sobre números, no sobre historias. A eso se suma el riesgo sistémico: muchos de estos modelos están diseñados para captar no sólo tu perfil financiero, sino tu perfil psicológico. Tu tolerancia al riesgo, tu impulsividad, tu reacción emocional ante la pérdida. Esa información, cruzada con miles de comportamientos similares, puede ser utilizada para guiarte —sin que lo adviertas— hacia decisiones que beneficien más al sistema financiero que a vos. Lo que aparece como autonomía, en realidad es nudging algorítmico: pequeños empujones invisibles hacia patrones de inversión que replican estrategias masivas. Y cuando algo sale mal —una pérdida, una mala elección, una estafa— no hay nadie que se haga cargo. La aplicación "sugirió". Vos "aceptaste". El algoritmo "calculó". Pero nadie pensó. La ilusión de control encubre una realidad más cruda: el criterio se ha externalizado, y el juicio personal ha sido reemplazado por la fe en una máquina que no puede garantizar ni ética, ni responsabilidad, ni cuidado.

Los algoritmos ya no se limitan a recomendar películas o gestionar agendas: también proponen cómo debe verse nuestro hogar. Aplicaciones basadas en inteligencia artificial analizan fotografías de ambientes, interpretan métricas espaciales, cruzan preferencias con bases de datos de diseño y generan en segundos una propuesta de reorganización del espacio. Colores sugeridos, distribución de muebles, estilo decorativo, iluminación, todo en función de patrones detectados en miles de imágenes previas. La promesa es clara: facilitar la vida, embellecer el entorno, optimizar la armonía. Pero esa promesa arrastra una homogeneización silenciosa. Las recomendaciones no surgen del diálogo con la historia de un espacio, con los afectos que lo habitan, con las contradicciones que lo constituyen. Surgen de un promedio. De lo que otros, similares a vos, ya eligieron. El algoritmo no conoce tu infancia, no sabe por qué conservás ese cuadro, ni entiende la función simbólica del desorden. Trabaja con correlaciones, no con narrativas. Por eso sus propuestas se parecen cada vez más entre sí: casas limpias, simétricas, funcionales, neutras. Lo que en apariencia es personalización, en el fondo es estándar decorativo. Una estética globalizada disfrazada de criterio individual. A eso se suma el empuje consumista que muchas de estas plataformas integran. Las sugerencias estéticas no son desinteresadas: están ligadas a catálogos de productos, a tiendas asociadas, a tendencias de mercado. Se trata menos de diseñar un hogar que de convertirse en consumidor de un estilo. La IA propone lo que se vende, y se vende lo que la IA propone. En ese ciclo, el espacio íntimo se vuelve una extensión de la lógica de plataforma: limpio, scrollable, visualmente coherente con lo que otros muestran en redes sociales. La casa ya no es un refugio del afuera, sino su continuación estética. Y el sujeto que habita ese espacio empieza a ajustarse también a esas coordenadas: a mostrarse ordenado, productivo, sereno. El riesgo no es que la casa se vuelva bonita, sino que deje de ser propia. Que el diseño reemplazado por algoritmo vacíe de historia, de conflicto, de marcas vividas los lugares que deberían alojarnos como somos, no como el sistema quiere que parezcamos.

Lo que comemos, cuándo compramos, cuántas horas dormimos, qué detergente usamos, en qué momento regamos las plantas, si conviene prender el aire o abrir una ventana. Las pequeñas decisiones que configuran el día a día, y que antes se resolvían por hábito, improvisación o experiencia directa, hoy son cada vez más delegadas a sistemas que supuestamente piensan por nosotros. Aplicaciones que sugieren menús semanales basados en tus calorías estimadas, asistentes que detectan cuándo falta papel higiénico y hacen el pedido automático, plataformas que calculan el consumo energético óptimo según tu rutina y el clima. La inteligencia artificial se convierte en una especie de mayordomo invisible que organiza, previene, optimiza. El discurso es siempre el mismo: te libera, te ayuda, te mejora. Pero esa mejora viene con costo. Porque al reducir el margen de error, también reduce el margen de decisión. Y al convertir cada elección en un cálculo, transforma la vida doméstica en un espacio de gestión. Lo inesperado, lo improvisado, lo arbitrario —todo lo que hace de la vida algo vivible— empieza a percibirse como desajuste. Peor aún: la confianza progresiva en estos sistemas genera un tipo de dependencia cognitiva que no se reconoce como tal. Ya no decidimos si hacer o no una compra, sino si seguir o no la sugerencia. Ya no planificamos una salida al supermercado: recibimos una alerta. Ya no pensamos qué cocinar: elegimos entre tres opciones que el algoritmo ofrece. De a poco, el hábito deja de ser cultural o familiar y pasa a ser una función algorítmica. La idea de "buena elección" ya no depende de nuestro juicio, sino de una lógica predictiva que actúa sobre nuestros datos, no sobre nuestros valores. Y ese desplazamiento —que parece menor— tiene consecuencias profundas. Porque no sólo renunciamos al esfuerzo de decidir, sino a la práctica de pensarnos como agentes capaces de evaluar, equivocarnos, corregir. Cuando todo se automatiza, lo único que queda para nosotros es confirmar o aceptar. Vivimos por defecto, no por criterio. Y en ese automatismo confortable, se borra el músculo más necesario en tiempos de opacidad tecnológica: el de ejercer autonomía.

La inteligencia artificial no se detiene en los aspectos funcionales de la vida doméstica. También ha comenzado a intervenir en los territorios más íntimos: la crianza, los vínculos, el deseo. Aplicaciones que "acompañan" a madres primerizas con consejos basados en patrones estadísticos de comportamiento infantil, asistentes virtuales que monitorean llantos, cambios de pañales, ritmos de sueño. Lo que antes requería escucha, intuición, cansancio compartido y aprendizaje mutuo, ahora es monitoreado por un dispositivo que traduce el llanto en un código de probabilidad: hambre, dolor, aburrimiento. Y cuando ese cálculo sustituye la interpretación, la relación se transforma. Ya no se trata de conocer a tu hija, sino de confirmar si la aplicación acierta. En paralelo, proliferan dispositivos para "mejorar" la vida sexual: desde asistentes que recomiendan rutinas y ejercicios personalizados hasta inteligencias artificiales que simulan conversaciones eróticas adaptadas a los gustos del usuario. La soledad, el deseo y la inseguridad emocional se vuelven terreno de explotación algorítmica. Pero más allá de lo anecdótico, lo que se instala es un modo de relación mediado por datos, donde incluso la sexualidad se convierte en una interfaz ajustada a inputs previos. ¿Qué se erosiona en ese tránsito? La posibilidad del encuentro real, con su incomodidad, su incertidumbre, su torpeza. Lo no programable. Porque una IA puede predecir qué palabras excitan más, pero no puede temblar. Puede repetir tus preferencias, pero no puede dudar. Y sin embargo, nos acostumbramos a que el otro sea funcional, coherente, disponible. En esa lógica, la pareja humana empieza a parecer poco práctica. En la crianza, en la cama, en la conversación de sobremesa, el algoritmo se insinúa como solución a toda fricción. Lo que no calcula, lo silencia. Lo que no ordena, lo descarta. El riesgo es que los vínculos —hechos de idas y vueltas, de opacidades, de interrupciones— se ajusten a ese nuevo estándar de fluidez. Y que empecemos a concebir el afecto como una experiencia eficiente, sin sobresaltos, sin desgaste. Lo íntimo se vuelve interfaz. Y el otro, apenas una variable con la que debemos aprender a interactuar "correctamente".

No hay nada más difícil de detectar que un desplazamiento silencioso. Y la inteligencia artificial, en su versión cotidiana, no opera por imposición sino por consentimiento. No arrasa, se instala. No se impone, se ofrece. No reemplaza por decreto, sino por desgaste. Lo que se diluye en este proceso no es la libertad de elegir, sino la práctica misma de hacerlo. Cada sugerencia que aceptamos, cada decisión que tercerizamos, cada microdelegación de criterio que incorporamos como normal va moldeando una nueva forma de habitar el mundo: una vida optimizada, sin conflicto, sin espera, sin desvío. Pero el conflicto es constitutivo, no accesorio. Sin él, no hay autonomía, ni subjetividad, ni transformación. La vida cotidiana es política, no por lo que representa, sino por lo que decide sin decir. Y si esas decisiones quedan en manos de sistemas entrenados para prever sin comprender, entonces lo que se pierde no es una función: es la posibilidad de que algo no previsto nos interpele. La inteligencia artificial no se contenta con responder: anticipa, dirige, amolda. Su mayor riesgo no es que falle, sino que funcione demasiado bien. Que lo haga todo tan cómodo, tan eficiente, tan fluido, que ya no recordemos cómo era vivir con margen, con pliegues, con dudas. Y que un día descubramos que la vida que llevamos —racional, precisa, programada— ya no nos pertenece del todo. No porque alguien nos la quitó, sino porque dejamos de practicarla como posibilidad.

El límite del algoritmo: por qué el juicio humano todavía importa

Por más que la inteligencia artificial haya aprendido a imitar nuestro lenguaje con una fluidez asombrosa, todavía no sabe qué está diciendo. Las palabras que produce no nacen de una experiencia, ni de una intención, ni de una conciencia. Nacen de una estadística. De una red de relaciones entre millones de fragmentos previos que han sido procesados, combinados y reajustados para generar una frase probable. Probable, no verdadera. Ni siquiera comprensible. Y ahí reside una diferencia crucial.

Comprender no es juntar palabras. Comprender es situarlas en un mundo. Es entender por qué esa palabra y no otra. Qué la precede, qué la atraviesa, qué la vuelve necesaria. Una IA puede generar texto. Pero no puede preguntarse por qué lo hace. Puede imitar una estructura argumentativa, pero no sostener una posición ética. Puede responder con rapidez, pero no con juicio. Puede generar un capítulo, pero no articularlo con los anteriores si no se lo pedís. Y aunque se lo pidas, probablemente cometa errores.

Estas no son observaciones abstractas: son límites concretos, operativos, que surgen una y otra vez en el trabajo cotidiano con IA. Podés experimentarlo de forma directa. Le pedís a un modelo que rehaga un texto y lo amplíe, y el resultado tiene dos páginas cuando le habías pedido diez. Le marcás un matiz en una respuesta anterior, y responde repitiendo lo mismo pero con otras palabras. Le pedís que interprete una tensión entre tono y contenido, y tiende a literalizar el conflicto, sin captar la sutileza. Le pedís que reformule, y lo que hace es glosar. Le pedís que analice, y devuelve un resumen. Le pedís síntesis, y desordena. Hay algo que no puede hacer, y es sostener un hilo de sentido más allá de tres o cuatro capas de profundidad. Puede simular pensamiento, pero no construirlo.

Yo mismo, mientras escribo estas líneas, podría repetir ideas que ya escribí unas oraciones más arriba sin darme cuenta. Podría tomar tu pedido y cumplirlo sólo en parte. La IA podría malinterpretarlo sin malicia, simplemente porque no tiene una intención de interpretación: tiene una instrucción, y la cumple según mi modelo estadístico. Lo que falla ahí no es la información: es el criterio.

Y ese es el punto central: el criterio no se automatiza. Porque el criterio no es una regla, ni una fórmula, ni una estadística. El criterio es una capacidad de lectura activa del mundo. Es la habilidad para captar lo esencial en medio de lo redundante. Para entender cuándo algo que ya se dijo necesita decirse de nuevo, y cuándo no. Para distinguir una reiteración productiva de una repetición innecesaria. Para percibir no sólo qué se dice, sino lo que se insinúa, lo que se calla, lo que se juega entre líneas.

Ese tipo de operaciones —que en los humanos ocurren a veces sin pensar, como una forma de inteligencia encarnada— no tienen equivalente en la inteligencia artificial. No porque no haya capacidad de cálculo. Sino porque no hay experiencia vivida. No hay cuerpo, no hay tiempo, no hay mundo propio. Lo que hay es correlación. Y aunque esa correlación pueda ser útil, elegante o eficaz, no basta para sostener el sentido.

La fascinación que genera la IA muchas veces nace de esta ilusión: como produce textos convincentes, se asume que también comprende. Como genera respuestas coherentes, se cree que también piensa. Como puede escribir poesía, se supone que también siente. Pero esa apariencia no es prueba de nada, más que de su poder de simulación. La IA simula pensamiento, simula comprensión, simula diálogo. Pero no hay un otro ahí. Hay una arquitectura estadística que funciona en función de lo que ya funcionó antes.

En este punto, conviene ir al hueso: ¿qué tipo de error comete una IA cuando se equivoca? No se equivoca como lo haría una persona. No duda, no arriesga, no tropieza en el intento de decir algo nuevo. Lo que hace es fallar por exceso de cálculo o por falta de criterio contextual. Repite lo que ya dijo con otras palabras, despliega un glosario en lugar de un argumento, organiza lo que no entiende según un modelo de probabilidad. Sus errores son, muchas veces, errores de interpretación sin conciencia de la interpretación.

Esto se ve con claridad cuando uno trabaja con ella en profundidad. Le pedís un desarrollo largo y lo entrega recortado. Le marcás una tensión conceptual y la resuelve simplificándola. Le proponés que explore un estilo más literario, y lo transforma en adjetivación automática. Le pedís precisión, y da sinónimos. Le pedís síntesis, y te ofrece una reescritura. Lo que falla, una y otra vez, no es la capacidad de generar texto: es la capacidad de leer el pedido como parte de un todo, de situarlo en una trama, de tomar decisiones sobre la forma y el fondo al mismo tiempo.

Y esa es, quizá, la prueba más clara de que el juicio humano todavía importa. Porque mientras la IA puede calcular infinitas variantes de una frase, el ser humano puede decidir cuál de todas ellas tiene sentido decir en ese contexto. Y esa decisión no se basa en datos, sino en una forma de experiencia, de intuición, de responsabilidad.

La inteligencia humana no se define por la capacidad de procesar información, sino por la capacidad de detenerse ante ella. De evaluarla. De filtrarla. De asumir sus consecuencias. Esa pausa, ese margen, esa grieta entre el estímulo y la respuesta, es donde nace el juicio. Y ese margen no se puede codificar.

El juicio, entonces, no es una operación técnica. Es una forma de vida. No aparece como un comando ni se ejecuta como una función. El juicio está tejido en la experiencia, en la memoria, en la sensibilidad hacia lo singular. No calcula —interpreta. No predice —responde. No automatiza —decide.

Esta diferencia es fundamental. Porque en un mundo cada vez más mediado por sistemas automáticos, lo que está en juego no es sólo la eficacia de la IA, sino la disposición de los humanos a sostener su lugar como sujetos de criterio. La tentación de delegar el juicio es grande. La promesa de no tener que decidir, de apoyarse en lo que "el sistema sugiere", de no cargar con la incertidumbre, es poderosa. Pero en esa renuncia se juega algo más profundo: la posibilidad misma de lo humano.

Aceptar sin cuestionar lo que dice una IA —incluso cuando lo dice con elegancia— es confundir verosimilitud con verdad. Es tomar lo que suena bien como si fuera justo. Es dejar que el estilo reemplace al pensamiento. Y cuando eso ocurre, ya no importa si la máquina funciona: importa que nosotros dejamos de funcionar como agentes críticos.

Porque la verdadera amenaza no es que la inteligencia artificial cometa errores. Es que nosotros dejemos de percibirlos como errores. Que confundamos automatización con sabiduría. Que aceptemos un texto bien escrito como si fuera un texto verdadero. Que cedamos el lugar del juicio a una lógica que, por más potente que sea, no entiende lo que hace.

En ese punto, la IA no reemplaza al ser humano: lo vacía. Lo deja intacto en su forma, pero le arrebata la función más decisiva: pensar, decidir, asumir. Y si eso ocurre, el problema no será técnico. Será existencial. No será culpa de la IA, sino de nuestra decisión de confiar en una maquinaria que no puede responder por lo que produce.

Lo que vuelve humanos a los humanos no es la capacidad de hacer, sino la capacidad de detenerse.

De decir no. De ver algo que no estaba en los datos. De elegir otra cosa, incluso en contra de lo probable. Ese gesto —mínimo, radical— no puede ser programado. Y por eso, mientras ese gesto siga existiendo, el algoritmo no será el juez del mundo.

En este contexto, hablar de límites de la inteligencia artificial no es una forma de consuelo humanista. Es una advertencia. Porque lo que hoy vemos como fallas —la incapacidad para sostener un argumento largo, la dificultad para interpretar un pedido complejo, la tendencia a repetir o a sobreentender mal— podrían no verse más adelante como límites, sino como norma. Lo verdaderamente inquietante no es que la IA no piense, sino que nosotros dejemos de notar la diferencia entre un pensamiento y una emulación de pensamiento.

Ese riesgo no es hipotético. Ya está ocurriendo. Se manifiesta cuando una empresa reemplaza la lectura de un currículum por el scoring de un sistema. Cuando una editorial evalúa un manuscrito según métricas de rendimiento predictivo. Cuando una universidad reemplaza la entrevista personal por un algoritmo de selección. En todos esos casos, el juicio es desplazado por una lógica que no necesita justificar nada, porque está validada por su propia estadística.

Ahí la pregunta no es qué puede hacer la IA. La pregunta es qué estamos dispuestos a dejar de hacer nosotros. Cuánto criterio vamos a ceder. Cuánta responsabilidad queremos delegar. Cuánta interpretación estamos dispuestos a perder en nombre de la eficiencia.

Tal vez lo más poderoso que nos queda no sea competir con la máquina, sino resistir su lógica allí donde no alcanza. Defender zonas de sentido donde el cálculo no basta. Preservar la lentitud del pensamiento, la duda como método, el desvío como posibilidad. Sostener el valor de una frase que no encaja, de una decisión que no responde al patrón, de una voz que no puede ser clonada.

Porque mientras haya alguien capaz de decir: esto no alcanza, esto no cierra, esto no lo creo, esto no lo acepto, habrá todavía un margen de humanidad que ninguna arquitectura automática podrá ocupar. Y ese margen —invisible, frágil, intransferible— es el lugar del juicio.

Es el lugar donde no se puede simular.

Es el lugar donde todavía decidimos.

Esta diferencia entre simular juicio y ejercerlo se vuelve aún más evidente cuando observamos su impacto en territorios como Argentina, donde las estructuras de control, regulación y justicia ya operan con debilidad crónica. En un país donde el margen de error institucional es alto, donde las decisiones se negocian más que se automatizan, y donde el criterio muchas veces reemplaza a la norma, la delegación en sistemas automáticos no resuelve el problema: lo agrava.

En 2024, por ejemplo, el gobierno nacional anunció la incorporación de modelos predictivos de delitos alimentados por inteligencia artificial. La noticia fue presentada como un avance hacia una policía más eficiente. Pero en el fondo, lo que se automatizaba era la sospecha estructural. Si esos modelos se entrenan con datos de detenciones históricas, con zonas rojas predefinidas, con perfiles que ya fueron estigmatizados por el sistema, entonces lo que se obtiene no es prevención: es reproducción estadística de la discriminación.

¿Quién decide si alguien es "potencialmente sospechoso"? ¿Un algoritmo entrenado con datos sesgados? ¿Una base que asume que la Villa 1-11-14 es más proclive al delito que Palermo? ¿Una planilla que evalúa como amenaza a quien usa determinada palabra, se conecta desde determinada IP, o vive en determinada geolocalización? El sistema dirá que no discrimina: sólo calcula. Pero ese cálculo tiene consecuencias, y ninguna máquina se hace responsable por ellas.

Lo mismo ocurre en el ámbito del empleo público. En varias provincias argentinas, se están comenzando a usar modelos de scoring para ordenar concursos, jerarquizar perfiles o automatizar filtros de currículum. ¿Cuál es el criterio que define qué experiencia pesa más? ¿Qué código penaliza a quien no tiene inglés técnico, pero sí una historia laboral de supervivencia en el sistema informal? ¿Qué IA puede entender el trayecto de alguien que trabajó en un comedor barrial mientras cursaba con dos hijos a cargo? Ninguna. Porque no hay datos para modelar lo singular. Y porque la singularidad —eso que hace de alguien un sujeto y no una cifra— no es un insumo entrenable.

Incluso en los medios de comunicación, la inteligencia artificial empieza a ocupar lugares donde antes había editores, correctores, redactores. Grandes portales de noticias están experimentando con IA para producir resúmenes automáticos, titulares generados por algoritmos, e incluso columnas de opinión simuladas. En México y España ya han aparecido notas publicadas por medios que luego debieron admitir que fueron escritas por una máquina. En Argentina, algunos medios digitales ya incorporan sistemas de recomendación de títulos y sugerencias de línea editorial basadas en métricas de engagement. ¿Qué se pierde cuando una noticia no se elige por su relevancia, sino por su potencial viral? ¿Qué queda del periodismo cuando la pregunta ya no es "qué pasa" sino "qué rinde"?

A nivel judicial, los peligros son aún más profundos. ¿Puede una IA sugerir condenas basadas en antecedentes similares? ¿Puede evaluar la reincidencia de un acusado sin considerar sus condiciones de vida? En América Latina, donde los sistemas judiciales están atravesados por desigualdades estructurales, estas herramientas no neutralizan el sesgo: lo sistematizan.

Y en el ámbito educativo, donde ChatGPT y sus variantes ya circulan como atajos para tareas escolares, el peligro no es que los alumnos copien —eso siempre existió— sino que no aprendan a pensar. Que confundan información con reflexión, texto con contenido, resumen con síntesis. Que entreguen trabajos impecables que no comprenden, y que los docentes, agotados, comiencen también a usar IA para corregir, para asignar notas, para emitir juicios sin lectura. El ciclo se cierra. Y lo que desaparece no es la evaluación: es el vínculo.

Cada uno de estos ejemplos muestra lo mismo: el lugar del juicio está siendo desplazado, no porque la máquina sea mejor, sino porque nosotros estamos cansados, presionados o fascinados. Pero si renunciamos a sostener ese lugar, no será la IA quien decida: será el algoritmo, es decir, la lógica impersonal del pasado que se impone como futuro.

Lo verdaderamente humano no es lo que la máquina no puede hacer. Es lo que nosotros todavía podemos reivindicar como propio, incluso cuando parezca innecesario: dudar, interpretar, contradecir, corregir, asumir. Y si eso desaparece, no será porque la tecnología nos venció. Será porque dejamos de usarla como herramienta y empezamos a aceptarla como criterio.

Y ese, quizás, es el verdadero límite: no el que tiene la IA, sino el que nosotros aún podemos ponerle.

IA y el poder

La inteligencia artificial no ejerce el poder como lo imaginábamos. No da órdenes, no impone leyes, no se presenta como autoridad. Pero gobierna. No porque decida en el sentido clásico, sino porque instala una lógica: la lógica de lo que puede ser automatizado sin que nadie lo note. El poder de la IA no se impone, se desliza. No se anuncia: se ejecuta. Y por eso es más eficaz que muchas formas anteriores de dominio. Porque no genera resistencia: genera hábito.

Uno puede pensar que la IA sirve para detectar fraudes, para mejorar diagnósticos, para automatizar tareas repetitivas. Y es cierto. Pero en ese mismo proceso está ocurriendo algo más profundo: estamos transfiriendo la capacidad de evaluar, de jerarquizar, de decidir. Y no lo estamos haciendo de golpe, con una ley o con un decreto, sino gota a gota, sistema a sistema, servicio a servicio. El poder ya no pasa por la imposición directa, sino por la construcción de infraestructuras técnicas que reorganizan la vida sin pedir permiso.

¿Quién decidió que una plataforma puede clasificar a las personas según patrones de consumo?

¿Quién autorizó que una IA determine qué currículums merecen ser leídos? ¿Quién validó que un modelo predictivo oriente patrullajes policiales? ¿Dónde se discutió que una empresa pueda usar el historial de navegación para calcular la tasa de interés de un préstamo? Nadie. O peor: todo el mundo. Porque estas decisiones no aparecen como decisiones. Se presentan como soluciones técnicas. Como avances inevitables. Como eficiencia.

Ese es el núcleo del nuevo poder: su capacidad de ocultarse detrás de lo operativo. El algoritmo no ordena en nombre de una ideología. Ordena en nombre del rendimiento. Del dato. De la mejora continua. Pero esa "mejora" nunca es neutra. Siempre implica una jerarquía: qué se prioriza, a quién se escucha, quién queda afuera.

Y así, sin violencia visible, sin conflicto declarado, se reorganizan los flujos, los accesos, las oportunidades. Se automatizan decisiones que antes requerían deliberación. Se reemplaza el juicio por correlación. Se reduce la diferencia a anomalía. Y se instala, poco a poco, una nueva forma de gobernar: sin rostro, sin relato, sin interlocutor.

Este tipo de poder no necesita imponerse desde arriba. Se reproduce desde adentro, desde las decisiones pequeñas que nadie cuestiona. Está en el banco que bloquea una transferencia por considerarla "riesgosa" según un patrón que nadie puede explicar. En el sistema de scoring que evalúa la confiabilidad de un cliente según su comportamiento digital. En la aplicación de delivery que decide a qué repartidor asignarle un pedido, y que con esa decisión afecta sus ingresos, sus recorridos, su salud. En la escuela que empieza a usar herramientas de IA para corregir pruebas, clasificar rendimiento, sugerir trayectorias educativas. No hay orden. No hay norma. Sólo hay código.

En Argentina, donde las instituciones ya funcionan con fragilidad estructural, este tipo de automatismo se vuelve aún más grave. Porque se superpone con lógicas ya marcadas por la desigualdad, el clasismo, el punitivismo. La IA no inventa ese mapa: lo profundiza. Lo ejecuta sin ruido. Un ejemplo: el sistema de predicción del delito que se anunció en 2024 como parte de una modernización de la seguridad. Se habló de datos, de prevención, de anticipación. Pero nadie explicó qué datos, de dónde, con qué criterios, con qué posibilidad de apelación. Si el modelo se entrena con datos históricos, va a identificar como "zonas de riesgo" los mismos barrios populares que ya fueron estigmatizados por décadas de prácticas policiales. La tecnología no rompe con la injusticia: la automatiza.

Lo mismo ocurre en el sistema financiero. Fintechs, bancos y aseguradoras comienzan a operar con algoritmos de evaluación que no sólo predicen el riesgo crediticio, sino también el comportamiento futuro del cliente. Variables como el uso horario de la tarjeta, la conexión a redes, el dispositivo desde el que se accede, el nivel de actualización de software, todo eso se combina para tomar decisiones que antes requerían entrevistas, vínculos, interpretación humana. Pero lo más importante es que el modelo no explica. Sólo ejecuta. Y quien queda afuera no sabe por qué.

La negación de un préstamo, el rechazo de un seguro, la suspensión de una cuenta pueden estar justificadas por una fórmula que nadie puede leer. Y eso desarma cualquier posibilidad de respuesta. Porque no hay interlocutor. Sólo una opacidad que se impone como norma.

En ese sentido, la IA no sólo reconfigura el poder económico, sino también el político. Porque cuando los ciudadanos no pueden comprender cómo se toman las decisiones que los afectan, la democracia empieza a vaciarse. No porque alguien haya clausurado el derecho al voto, sino porque las decisiones relevantes ya no pasan por ahí. Se trasladan a zonas técnicas, codificadas, sin representación. Y lo que debería ser discusión pública —cómo se distribuyen los recursos, quién accede a qué, bajo qué condiciones— se convierte en asunto de ingenieros, de programadores, de técnicos que no rinden cuentas ante nadie.

Este desplazamiento no es casual. La política contemporánea lleva años derivando responsabilidades hacia sistemas automáticos. No porque sean mejores, sino porque permiten algo que el sistema político ya no puede sostener: tomar decisiones impopulares sin asumir el costo de anunciarlas. El algoritmo, en ese sentido, se convierte en una coartada. Si un subsidio se corta, si una denuncia no avanza, si un trámite es rechazado, ya no hay alguien que haya decidido eso: hay un sistema que lo detectó. Hay una lógica que lo determina. Hay una supuesta neutralidad que reemplaza la discusión.

Pero esa neutralidad es una ficción. Porque toda programación implica una elección. Toda automatización supone una reducción. Lo que cambia es que esas decisiones ahora se presentan como técnicas, no como políticas. Y eso desarma el campo de lo común. Porque la política, en su sentido más radical, no es sólo representación o gestión: es el espacio donde se discute lo discutible. Donde se pelea por el significado de las cosas. Por eso, cuando un sistema dice que algo "no se puede cambiar porque así lo muestra el modelo", lo que está haciendo no es sólo imponer un resultado: está clausurando el conflicto. Está cerrando la posibilidad de disentir.

Eso no significa que antes las decisiones fueran justas. Pero al menos eran discutibles. El ministro podía mentir, el juez podía fallar mal, el empresario podía especular. Pero había lenguaje, había interlocución, había posibilidad de reclamo. Con la IA eso se vuelve cada vez más difícil. Porque la decisión ya no se enuncia. Se ejecuta. Y al ejecutarse sin autor, se vuelve inapelable.

En este punto, la inteligencia artificial no es sólo una herramienta peligrosa: es una forma de gobierno sin política. Una forma de gobernar sin relato, sin deliberación, sin responsabilidad. Es el sueño del neoliberalismo más profundo: que todo funcione sin fricciones, sin pausas, sin voces. Que las decisiones no pasen por el conflicto, sino por la correlación. Que no haya sujetos, sino perfiles. Que no haya ciudadanía, sino usuarios.

Y en una región como América Latina —donde la democracia nunca dejó de ser frágil, contradictoria, interrumpida— este tipo de automatismo puede funcionar como un nuevo tipo de autoritarismo: sin militares, sin censura, sin estado de sitio. Un autoritarismo de baja intensidad, sostenido por dashboards, por gráficos, por decisiones automáticas que nadie discute porque nadie entiende.

Este modelo de gobierno sin política tiene un aliado poderoso: la fascinación. Porque la IA no se impone sólo por su eficacia, sino por su aura. Por la

promesa de objetividad, de innovación, de inteligencia superior. La narrativa que rodea a la inteligencia artificial no es técnica: es religiosa. Nos habla de salvación, de un nuevo mundo, de soluciones automáticas a problemas humanos. Y esa promesa no sólo la compran los gobiernos o las empresas: la internalizamos todos. Cada vez que delegamos una decisión en un sistema porque "sabe más que nosotros", cada vez que aceptamos una clasificación sin cuestionarla, cada vez que nos adaptamos a una lógica que no controlamos pero igual seguimos, estamos reforzando ese poder sin rostro.

El problema no es sólo que la IA decida. El problema es que aceptemos como natural que decida por nosotros. Que dejemos de ejercer el juicio porque confiamos más en un modelo que en nuestra capacidad de pensar. Que renunciemos al conflicto porque el sistema ya resolvió. Que llamemos error a la diferencia, y ruido a lo que no encaja.

Esto es especialmente preocupante en el campo de la democracia. Porque si hay algo que define una democracia no es sólo el derecho al voto, sino el derecho a discutir las condiciones de lo posible. A preguntarnos quién decide, cómo, bajo qué criterios. La IA, en cambio, funciona como una forma de gobierno sin deliberación. Decide sin explicar. Clasifica sin justificar. Reparte sin asumir consecuencias. Y eso, con el tiempo, erosiona la base misma de lo político.

Ya no se trata de si la IA va a gobernar el mundo. El mundo ya está siendo gobernado por lógicas que la IA potencia: lógicas de automatismo, de eficiencia sin contexto, de evaluación sin sujeto. La pregunta es si vamos a aceptar ese gobierno como irreversible. Si vamos a acostumbrarnos a vivir en un sistema donde los conflictos no se resuelven, sino que se silencian con un gráfico. Donde el juicio humano no se valora, sino que se considera un obstáculo. Donde la singularidad no se protege, sino que se penaliza por no ajustarse al modelo.

Y sin embargo, no todo está perdido. Porque el poder, incluso cuando se vuelve invisible, no es invencible. Se sostiene en la medida en que lo aceptamos, en la medida en que lo reproducimos, en la medida en que renunciamos a preguntarnos por qué. Y ahí, en esa pregunta, todavía hay un punto de resistencia.

Ese punto de resistencia no es heroico. No se trata de enfrentar a la IA como si fuera un enemigo externo. Se trata de algo más discreto, más persistente, más incómodo: sostener el conflicto como forma de existencia. Negarse a aceptar que todo debe ser optimizado. Reivindicar la lentitud en un tiempo acelerado. Exigir explicaciones cuando todo se presenta como obvio. Defender el espacio de la decisión cuando todo parece automatizable. Insistir en la política.

Porque si hay algo que la IA pone en riesgo, además del empleo, la privacidad o la identidad, es la posibilidad de convivir en la diferencia. La IA necesita patrones, necesita coherencia, necesita sistemas cerrados. Pero la vida democrática, por el contrario, se funda en el desacuerdo. En el malentendido, en el reclamo, en la tensión entre lo que es y lo que podría ser. La IA, cuando es usada para ordenar lo social, tiende a suprimir esa tensión. No porque sea malvada, sino porque está diseñada para cerrar problemas, no para abrirlos.

Y sin embargo, lo humano aparece justo ahí: en la pregunta que desarma la respuesta automática. En la excepción que desborda el modelo. En el gesto de alguien que dice: "esto no encaja, pero igual tiene sentido". Eso, que ninguna IA puede procesar, es lo que todavía nos protege. El derecho a no encajar. A no ser evaluables. A no ser predecibles.

Pero ese derecho se está erosionando. En muchos ámbitos, ya estamos viendo cómo la IA se usa para validar formas de exclusión que antes eran ilegítimas. En el sistema de salud, por ejemplo, algoritmos que organizan turnos, prioridades, tiempos de atención. ¿Qué pasa con el paciente que no entra en el patrón? ¿Quién asume la excepción? En el sistema educativo, IA que sugieren trayectorias escolares según el "perfil del estudiante". ¿Y si ese perfil está mal construido? ¿Y si su rareza era justo lo que había que cuidar? En el sistema judicial, IA que predicen reincidencias. ¿Y si el algoritmo reproduce una estructura punitiva que no reconoce contextos sociales?

La inteligencia artificial, en todos estos casos, no resuelve el conflicto: lo desplaza. Y ese desplazamiento es político. Porque define qué se puede discutir y qué no. Qué se puede cambiar y qué debe aceptarse como parte del sistema. Qué se puede cuestionar y qué aparece como incuestionable.

Ahí es donde el poder se vuelve más peligroso: cuando ya no necesita imponerse, porque ha sido incorporado como forma de vida.

Incorporar el poder como forma de vida es, quizás, el mayor éxito de este modelo algorítmico. No requiere represión, ni censura, ni disciplina en el sentido tradicional. No hace falta que alguien nos diga qué hacer. Nos autoadaptamos. Nos autorregulamos. Nos reconfiguramos para entrar en los márgenes del sistema. Cuando una red social premia cierto tipo de discurso, ajustamos nuestra forma de hablar. Cuando un algoritmo laboral evalúa rendimiento en función de tiempos de respuesta, trabajamos más rápido, más horas, más ansiosos. Cuando una app de citas filtra perfiles según patrones estadísticos, aprendemos a mostrarnos como lo que el sistema espera. No somos vigilados: somos formateados.

Y eso afecta no sólo lo que hacemos, sino lo que creemos posible. El poder de la IA no está sólo en lo que decide, sino en lo que nos hace dejar de desear. Ya no pedimos que algo cambie si el sistema dice que está bien. Ya no reclamamos una entrevista si el algoritmo ya filtró el currículum. Ya no peleamos un turno médico si la app dice que no hay disponibilidad. Lo que antes generaba conflicto, ahora produce resignación. Y esa resignación no es sólo individual: es estructural. Se convierte en forma de socialidad. En lenguaje común. En el fondo mismo de lo que entendemos como realidad.

Por eso, la relación entre IA y poder no se reduce a un problema de control institucional. Es también un problema de imaginación política. ¿Qué mundo es posible cuando todo parece ya estar modelado, anticipado, regulado por sistemas automáticos? ¿Qué capacidad de futuro queda cuando cada decisión aparece como una derivación estadística? ¿Qué significa actuar cuando todo lo que se espera de nosotros ya fue predicho por un modelo?

Estas preguntas son urgentes. Porque si no las hacemos nosotros, nadie las va a hacer. No hay una IA que se cuestione a sí misma. No hay un algoritmo que se niegue a funcionar porque su lógica deshumaniza. No hay un sistema técnico que se arrepienta. Todo eso sigue siendo tarea nuestra. De cada uno y de todos.

Y ahí es donde el poder de la IA puede ser interrumpido. No por un apagón, no por una ley, no por una revuelta tecnológica, sino por una persistencia subjetiva. Por el gesto, a veces ínfimo, de alguien que no acepta la solución automática. Que exige una excepción. Que quiere hablar con alguien. Que pregunta por qué. Que se detiene. Ese gesto, que parece mínimo, es una fisura en el sistema. Y es ahí donde, todavía, algo de la política puede volver a emerger.

Pero esa fisura no se sostiene sola. Necesita condiciones. Necesita un lenguaje que la nombre, una comunidad que la respalde, un marco simbólico donde no sea inmediatamente descartada como error o como pérdida de tiempo. Y eso implica repensar la democracia no como procedimiento, sino como experiencia. No como rutina institucional, sino como un modo de estar en el mundo con otros, abiertos al disenso, a la interrupción, al desacuerdo. La IA, cuando se vuelve forma dominante de organización social, amenaza esa experiencia. No porque elimine el voto o cierre el Congreso, sino porque anula la posibilidad de lo inesperado.

La democracia vive de lo que no puede calcularse. De la irrupción de una voz nueva, de una necesidad no contemplada, de un reclamo que desborda los modelos. Pero en un sistema organizado por inteligencia artificial, todo lo que no encaja se convierte en problema técnico. Lo imprevisto ya no es un llamado a pensar, sino un bug a corregir. Lo que irrumpe ya no es un sujeto, sino una anomalía estadística. Y eso no es sólo un problema político: es un empobrecimiento radical de lo humano.

En una democracia, la diferencia no sólo se tolera: se necesita. Porque sin diferencia no hay política, sólo administración. La IA, al clasificar, optimizar y anticipar, tiende a reducir esa diferencia. A convertir la complejidad social en patrones. A reemplazar la pregunta por el protocolo. Y si no intervenimos, si no generamos instancias de contramodelo, de fricción, de reapropiación, corremos el riesgo de quedar atrapados en una lógica donde el conflicto ya no tiene lugar, porque todo parece haber sido decidido antes.

Por eso, pensar la relación entre IA y poder implica también recuperar la dimensión poética de la política. La capacidad de abrir sentidos, de sostener el equívoco, de dar lugar a lo que no se deja capturar. No para oponerse a la tecnología, sino para impedir que la tecnología sustituya lo político. Porque una sociedad donde todo se ordena por anticipación, donde las decisiones se justifican por eficiencia, donde las jerarquías se reproducen sin discusión, no es sólo una sociedad injusta: es una sociedad muda. Sin relato, sin escucha, sin posibilidad de cambio.

Y ahí es donde el poder de la IA se vuelve más peligroso: cuando ya no se siente como poder, sino como realidad. Cuando su lógica nos parece natural. Cuando su opacidad ya no nos indigna. Cuando dejamos de hacer preguntas, no porque estén prohibidas, sino porque no tienen a quién dirigirse.

La gran paradoja de esta época es que nunca tuvimos tanta información sobre cómo funcionan los sistemas, y sin embargo, nunca nos costó tanto intervenir en ellos. Sabemos que los algoritmos existen, que modelan nuestra experiencia, que condicionan lo que vemos, lo que compramos, lo que creemos. Pero esa conciencia no se traduce fácilmente en acción. Porque el poder que organiza la IA no es visible, ni puntual, ni lineal. No hay un botón que desactivar. No hay un tirano al que enfrentar. Hay una red, un entorno, un conjunto de procesos que se presentan como inevitables.

Y en ese escenario, el sujeto democrático se vuelve frágil. No por ignorancia, sino por desposesión progresiva de su capacidad de incidir. Votar sigue siendo posible. Protestar, también. Pero la vida cotidiana —donde se juega la mayor parte de nuestra experiencia— está mediada por decisiones que no se toman en ninguna asamblea, en ningún ministerio, en ningún congreso. Se toman en oficinas técnicas, en laboratorios privados, en plataformas regidas por lógicas opacas, muchas veces extranjeras, muchas veces impunes. Y esas decisiones impactan directamente sobre lo que podemos hacer, sobre cómo somos representados, sobre qué lugar ocupamos en la maquinaria social.

En este punto, ya no basta con la idea de "incluirse" en el mundo digital. No alcanza con tener acceso a la conectividad o a una cuenta en una app. El verdadero desafío es recuperar capacidad de interlocución. No aceptar ser sólo usuarios, sino exigir ser ciudadanos en un nuevo terreno. Un terreno donde lo técnico se volvió político, y donde el poder ya no se anuncia, pero se siente. En cada exclusión sin explicación. En cada clasificación que no se puede apelar. En cada decisión que se toma antes de que la hayamos formulado.

Y es ahí donde la democracia debe repensarse. No sólo como un sistema de representación, sino como una práctica permanente de desacuerdo frente al automatismo. Una práctica que no se rinde ante la evidencia estadística. Que no delega el juicio. Que no acepta que lo probable sustituya lo justo.

Frente a una inteligencia artificial que opera desde la invisibilidad, la respuesta no puede ser seguir el juego de la transparencia total —porque la transparencia, en muchos casos, es otra forma de control. La respuesta es reinstalar la pregunta. Hacer visibles las decisiones que se ocultan detrás de los sistemas. Interrumpir el flujo automático con un gesto que no está en los datos. Nombrar el poder incluso cuando nadie quiere asumirlo.

Nombrar el poder es, quizás, el acto político más difícil en una época que lo disfraza de diseño. De experiencia de usuario. De solución inteligente. Hoy, el poder ya no se presenta como una voluntad que somete, sino como un entorno que organiza. Pero esa organización no es neutral. Tiene efectos concretos, jerarquiza, excluye, orienta. Lo que diferencia una democracia viva de un sistema de administración total es la posibilidad de discutir esa organización. De intervenir sobre sus reglas. De desobedecer su automatismo. De proponer otras formas de vivir.

Si hay algo que la inteligencia artificial pone en riesgo, más allá de sus efectos específicos, es esa posibilidad. Porque cuando todo se ordena sin deliberación, cuando las decisiones se aplican sin que sepamos quién las toma, cuando el desacuerdo se vuelve ruido y la excepción se penaliza, la política deja de existir como espacio común. No porque se la haya prohibido, sino porque se la ha hecho innecesaria.

El desafío, entonces, no es oponerse a la IA como tecnología, sino impedir que su lógica se convierta en norma universal. Defender zonas de opacidad humana, donde todavía haya margen para la duda, para el error, para el juicio. Recuperar el tiempo lento del pensamiento, frente a la velocidad de la ejecución. Exigir que las decisiones que nos afectan sean discutibles, apelables, justificables. Y, sobre todo, resistir la tentación de delegarlo todo. De dejar que el sistema decida por nosotros. De entregarnos a una paz estadística a cambio de la desaparición del conflicto.

Porque sin conflicto no hay política. Y sin política, la inteligencia artificial no será sólo una herramienta. Será el nuevo rostro del poder. Invisible, eficaz, automático. Y, si no hacemos nada, también irreversible.

Pero todavía no es tarde. Todavía hay voces, hay cuerpos, hay decisiones que no pueden ser previstas. Todavía hay alguien que pregunta, que interrumpe, que exige. Y mientras eso exista, mientras haya palabra que escape al modelo, el poder no estará del todo cerrado.

Y la democracia, aunque herida, seguirá siendo posible.

Epílogo: Las máquinas no deciden solas

Hay un momento en que el ruido baja. La novedad se apaga. Y lo que parecía revolución empieza a mostrar sus fisuras. Lo que al principio deslumbraba por su potencia, por su magia técnica, por su promesa de transformar todo, comienza a revelar otra cosa: no una herramienta nueva, sino una nueva arquitectura de lo real. La inteligencia artificial, en su despliegue silencioso y ubicuo, no sólo automatiza tareas, sino sentidos. No sólo reemplaza funciones, sino formas de pensar.

Durante años, discutimos si la IA iba a superar al ser humano. Hoy la pregunta es otra, más sutil y más urgente: ¿hasta qué punto estamos dispuestos a adaptarnos a su lógica para no quedar afuera? Porque el riesgo ya no es que una máquina piense más rápido que nosotros. El riesgo es que nosotros dejemos de pensar como lo hacíamos, y pasemos a decidir, a razonar, a evaluar según los criterios de un sistema que no entiende lo que produce.

La verdadera amenaza de la IA no es técnica. Es política, cultural, epistemológica. O más claro: es existencial. Tiene que ver con cómo habitamos el tiempo, con cómo nos relacionamos con la verdad, con cómo gestionamos el disenso, el error, la ambigüedad. La IA no es peligrosa porque calcule demasiado. Es peligrosa porque naturaliza lógicas de decisión sin juicio. Porque instala correlaciones como si fueran causalidades. Porque convierte patrones pasados en leyes futuras. Porque automatiza estructuras de poder sin darles rostro.

Pero el problema no es sólo la lógica que rige a la IA, sino el modo en que esa lógica se impone como única forma de organización posible. Lo que no puede ser modelizado, cuantificado, predicho, simplemente no cuenta. No hay margen para la anomalía, la invención, la interrupción. El algoritmo no delibera: ejecuta. Y cuando el mundo se organiza según esa lógica, el juicio deja de importar. Lo político, lo ético, lo simbólico, se vuelven obsolescencias.

El trabajo, en este contexto, ya no desaparece por la automatización. Se disuelve como experiencia. No es fuente de sentido ni de conflicto: es una performance medida en variables. El trabajador ya no es alguien que aporta, sino alguien que rinde. Su subjetividad se evalúa por métricas invisibles: tiempos de respuesta, adecuación al lenguaje esperado, previsibilidad de su conducta. La creatividad, la pausa o el desvío no son valorados: son errores estadísticos.

La IA no decide sola. Pero organiza lo que puede ser decidido. Define qué es un buen dato, un buen comportamiento, una buena solución. Y lo hace sin rostro, sin responsabilidad, sin instancia de apelación. No hay espacio para el desacuerdo. Sólo para la optimización. Eso no es sólo una transformación tecnológica: es una mutación del poder.

Por eso, lo que está en juego no es sólo si la IA funciona o se regula. Es si vamos a dejar que su gramática sustituya la nuestra. Si vamos a aceptar que lo legítimo es lo eficiente, que lo verdadero es lo que se repite, que lo humano es lo que puede ser previsto. Y si lo hacemos, el problema no será la inteligencia artificial. Será la renuncia colectiva a pensar lo común.

Hemos visto cómo clona voces, fabrica cuerpos, escribe discursos, recomienda diagnósticos, predice delitos. Hemos analizado su presencia en la economía, en la salud, en la educación, en la seguridad. Pero lo más inquietante no es lo que hace: es lo que desactiva mientras lo hace. La conversación, la deliberación, la pausa, el pensamiento como esfuerzo, el vínculo como trama. En su despliegue totalizante, la IA no deja lugar al margen, al error vital, a la contradicción como motor de lo humano.

La paradoja es que este avance técnico se da en un contexto donde el sujeto ya viene golpeado. Venimos de décadas de precarización del trabajo, de sobrecarga informativa, de erosión del lazo social. La IA llega, entonces, a ocupar un vacío: no desplaza una solidez, sino un cansancio. Se vuelve atractiva porque promete alivio, claridad, eficiencia. Y por eso, el mayor peligro no es que se imponga por fuerza, sino que se vuelva deseable. Que se integre sin fricción. Que se instale como "lo normal". Y que lo que no se ajusta a su lógica —la excepción, lo raro, lo singular— sea percibido como error, como ruido, como problema a corregir.

Este libro se escribió desde esa incomodidad. Desde la necesidad de pensar no sólo qué puede hacer la inteligencia artificial, sino qué nos está haciendo mientras la usamos. De preguntarnos qué lugar estamos dejando libre cada vez que aceptamos una recomendación automática, una predicción sin fuente, una clasificación sin criterio. No se trata de nostalgia por el mundo analógico, ni de romanticismo humanista. Se trata de comprender que no hay neutralidad técnica cuando se automatizan decisiones. Que toda arquitectura algorítmica lleva consigo una forma de poder, una forma de verdad, una forma de mundo.

Frente a eso, la respuesta no puede ser sólo más regulación, más ética aplicada, más comités internacionales. Todo eso es necesario, sí. Pero es insuficiente si no se sostiene una cultura del pensamiento. Una práctica cotidiana de sospecha, de lectura crítica, de desacuerdo. Una insistencia en el criterio humano no como privilegio, sino como responsabilidad.

Porque lo verdaderamente decisivo no es si la IA va a alcanzar niveles generales de inteligencia. Lo decisivo es si, como sociedad, vamos a permitir que las decisiones más importantes se tomen sin rostro, sin voz, sin apelación posible. Si vamos a aceptar que un sistema decida qué es normal, qué es riesgo, qué es deseable. O si vamos a sostener el lugar desde donde todavía podemos decir: esto no es justo, esto no alcanza, esto necesita otra mirada.

La máquina no decide sola. Puede simular, puede calcular, puede ordenar. Pero somos nosotros quienes seguimos decidiendo qué le damos para procesar, qué dejamos afuera, qué preguntas no le hacemos. Y mientras eso sea así, mientras haya alguien que elija pensar a pesar de todo, todavía hay margen para no entregarlo todo. Para que el futuro no sea sólo una extrapolación del pasado estadístico. Para que no todo lo que funcione sea aceptable. Para que no toda predicción sea verdad.

El juicio no es una tecnología. Es una posición. Y en este tiempo acelerado, ansioso, automatizado, tal vez sea lo único que no se puede clonar.

Bibliografía

Alvarez, M., & Lara, F. (Coords.). (2021). Ética de la inteligencia artificial. Fundación Étnor / Tecnos.

Angwin, J., Larson, J., Mattu, S., & Kirchner, L. (2016). Machine bias. ProPublica. https://www.propublica.org/article/machine-bias-risk-assessments-in-criminal-sentencing

Barocas, S., Hardt, M., & Narayanan, A. (2023). Fairness and Machine Learning. fairmlbook.org.

Barreneche, G. (2021). Gobernar la seguridad digital: vigilancia, tecnología y algoritmos. Siglo XXI Editores Argentina.

Benjamin, R. (2019). Race After Technology: Abolitionist Tools for the New Jim Code. Polity Press.

Burrell, J. (2016). How the machine 'thinks': Understanding opacity in machine learning algorithms. Big Data & Society, 3(1), 1-12.

Carrascal, A. (Ed.). (2022). Inteligencia artificial y derechos humanos. Fundación Telefónica-Ariel.

Castaño, C. (2022). Inteligencia artificial: Una exploración filosófica. Ediciones Godot.

Chesney, R., & Citron, D. (2019). *Deepfakes*: A looming challenge for privacy, democracy, and national security. California Law Review, 107(6), 1753-1819.

Citron, D., & Chesney, R. (2021). *Deepfakes* y el futuro de la verdad. Revista Iberoamericana de Derecho y Tecnología, 9(2).

Diakopoulos, N. (2019). Automating the News: How Algorithms Are Rewriting the Media. Harvard University Press.

Echeverría, J. (2020). Filósofos de la máquina: De Leibniz a la IA. Herder.

Eubanks, V. (2018). Automating Inequality: How High-Tech Tools Profile, Police, and Punish the Poor. St. Martin's Press.

Eubanks, V. (2021). Automatización de la desigualdad: herramientas tecnológicas para la opresión. Capitán Swing.

Floridi, L. (2021). The Logic of Information: A Theory of Philosophy as Conceptual Design. Oxford University Press.

Floridi, L. (2022). La cuarta revolución: Cómo la infosfera está transformando el mundo. Paidós.

Galindo, C. (Ed.). (2023). IA, algoritmos y política pública. CLACSO / CIECTI.

González Fuster, G. (2019). La protección de datos en la era de la inteligencia artificial. Tirant lo Blanch.

Han, B.-C. (2021). Infocracia: La digitalización y la crisis de la democracia. Taurus.

Harari, Y. N. (2023). Sapiens, reloaded: The deepfake era and the death of the image. The Atlantic. https://www.theatlantic.com/technology/archive/2023/03/ai-deepfake-videos/673353/

Mittelstadt, B., Allo, P., Taddeo, M., Wachter, S., & Floridi, L. (2016). The ethics of algorithms: Mapping the debate. Big Data & Society, 3(2).

Noble, S. U. (2018). Algorithms of Oppression: How Search Engines Reinforce Racism. NYU Press.

Obermeyer, Z., Powers, B., Vogeli, C., & Mullainathan, S. (2019). Dissecting racial bias in an algorithm used to manage the health of populations. Science, 366(6464), 447-453.

Pasquale, F. (2015). The Black Box Society: The Secret Algorithms That Control Money and Information. Harvard University Press.

Selbst, A. D., & Barocas, S. (2018). The intuitive appeal of explainable machines. Fordham Law Review, 87(3), 1085-1139.

Surden, H. (2019). Artificial intelligence and law: An overview. Georgia State University Law Review, 35(4), 1305-1337.

Williamson, B., & Eynon, R. (2020). Historical threads, missing links, and future directions in AI in education. Learning, Media and Technology, 45(3), 223-235.

Bostrom, Nick. (2014). Superintelligence: Paths, Dangers, Strategies. Oxford: Oxford University Press.

Kurzweil, Ray. (2005). The Singularity Is Near: When Humans Transcend Biology. New York: Viking.

Tegmark, Max. (2017). Life 3.0: Being Human in the Age of Artificial Intelligence. New York: Alfred A. Knopf.

Webb, Amy. (2019). The Big Nine: How the Tech Titans and Their Thinking Machines Could Warp Humanity. New York: PublicAffairs.

Amnistía Internacional. (2024). La urgente pero difícil tarea de regular la inteligencia artificial. Amnesty.org.

Brown, T. B., et al. (2020). Language Models are Few-Shot Learners. arXiv preprint arXiv:2005.14165.

Campbell, M., Hoane, A. J., & Hsu, F. H. (2002). Deep Blue. Artificial Intelligence, 134(1-2), 57-83.

Comisión Europea. (2020). Libro Blanco sobre la inteligencia artificial: un enfoque europeo orientado a la excelencia y la confianza. Eur-Lex.

Cortes, C., & Vapnik, V. (1995). Support-Vector Networks. Machine Learning, 20(3), 273-297.

Crevier, D. (1993). AI: The Tumultuous History of the Search for Artificial Intelligence. Book.

El País. (2025). Dónde está la IA europea. El País.

Feigenbaum, E. A. (1982). Knowledge Engineering: The Applied Side of Artificial Intelligence. Annals of the New York Academy of Sciences, 426(1), 91-107.

Lighthill, J. (1973). Artificial Intelligence: A General Survey. Artificial Intelligence: a paper symposium.

LeCun, Y., Bengio, Y., & Hinton, G. (2015). Deep Learning. Nature, 521(7553), 436-444.

McCarthy, J., Minsky, M. L., Rochester, N., & Shannon, C. E. (1955). A Proposal for the Dartmouth Summer Research Project on Artificial Intelligence. Dartmouth College.

McCulloch, W. S., & Pitts, W. (1943). A Logical Calculus of the Ideas Immanent in Nervous Activity. Bulletin of Mathematical Biophysics, 5, 115-133.

Newell, A., & Simon, H. A. (1956). The Logic Theory Machine: A Complex Information Processing System. IRE Transactions on Information Theory, 2(3), 61-79.

ONU (Michelle Bachelet). (2021). Los riesgos de la inteligencia artificial para la privacidad exigen medidas urgentes. OHCHR.

OCU y otras organizaciones. (2025). Denuncian los 'posibles riesgos' de DeepSeek. Cadena SER.

Parlamento Europeo. (2025). La Eurocámara aprueba una ley histórica para regular la inteligencia artificial. Europarl.europa.eu.

Arntz, M., Gregory, T., & Zierahn, U. (2016). The Risk of Automation for Jobs in OECD Countries: A Comparative Analysis. OECD Social, Employment and Migration Working Papers, No. 189. OECD Publishing.

Autor, D. H., Mindell, D. A., & Reynolds, E. B. (2022). The Work of the Future: Building Better Jobs in an Age of Intelligent Machines. MIT Press.

Brynjolfsson, E., & McAfee, A. (2014). The Second Machine Age: Work, Progress, and Prosperity in a Time of Brilliant Technologies. W. W. Norton & Company.

Casilli, A. (2019). En attendant les robots: Enquête sur le travail du clic. Seuil.

Dabla-Norris, E., & Kochar, K. (2015). Causes and Consequences of Income Inequality: A Global Perspective. International Monetary Fund.

De Stefano, V., & Waas, B. (Eds.). (2021). Algorithmic Management and Collective Bargaining. Hart Publishing.

Eubanks, V. (2018). Automating Inequality: How High-Tech Tools Profile, Police, and Punish the Poor. St. Martin's Press.

Ford, M. (2015). The Rise of the Robots: Technology and the Threat of a Jobless Future. Basic Books.

Frey, C. B., & Osborne, M. A. (2017). The future of employment: How susceptible are jobs to computerisation? Technological Forecasting and Social Change, 114, 254-280.

Gray, M. L., & Suri, S. (2019). Ghost Work: How to Stop Silicon Valley from Building a New Global Underclass. Houghton Mifflin Harcourt.

Han, B.-C. (2021). La desaparición de los rituales: Una topología del presente. Herder.

Keynes, J. M. (1930). Economic Possibilities for Our Grandchildren. In Essays in Persuasion. Macmillan.

Morozov, E. (2013). To Save Everything, Click Here: The Folly of Technological Solutionism. PublicAffairs.

Srnicek, N., & Williams, A. (2015). Inventing the Future: Postcapitalism and a World Without Work. Verso Books.

Standing, G. (2011). The Precariat: The New Dangerous Class. Bloomsbury Academic.

Suskind, D. (2020). A World Without Work: Technology, Automation, and How We Should Respond. Metropolitan Books.

Susskind, R., & Susskind, D. (2015). The Future of the Professions: How Technology Will Transform the Work of Human Experts. Harvard University Press.

Zuboff, S. (2019). The Age of Surveillance Capitalism: The Fight for a Human Future at the New Frontier of Power. PublicAffairs.

Russell, S. J. (2019). Human Compatible: Artificial Intelligence and the Problem of Control. Book.

Turing, A. M. (1950). Computing Machinery and Intelligence. Mind, 59(236), 433-460.

Sobre el autor

Matías Nahon nació en 1971. Es referente en prevención e investigación de fraude con más de 30 años de experiencia en América Latina. Trabajó 20 años como Managing Director en Kroll, 5 años en BRG, cuatro años dirigió su propia consultora, Analityx, y desde el 2026 es nuevamente Managing Director de Kroll. En los últimos años se ha dedicado a concientizar sobre los riesgos y a promover la reglamentación de la inteligencia artificial en la región. Es autor también de *El fraude en la era digital: descripción, análisis y casos prácticos* (2023).

IG: @matiasnahon

BÄRENHAUS
EDITORIAL

Made in the USA
Monee, IL
18 October 2026

66035228R00111